£2.20
C7

LIEBELEI
LEUTNANT GUSTL
DIE LETZTEN MASKEN

ARTHUR SCHNITZLER

LIEBELEI
LEUTNANT GUSTL
DIE LETZTEN MASKEN

WITH INTRODUCTION AND
NOTES BY J.P.STERN

CAMBRIDGE
AT THE UNIVERSITY PRESS

1966

PUBLISHED BY

THE SYNDICS OF THE CAMBRIDGE UNIVERSITY PRESS

Bentley House, 200 Euston Road, London, N.W. 1
American Branch: 32 East 57th Street, New York, N.Y. 10022
West African Office: P.O. Box 33, Ibadan, Nigeria

Introduction and notes by J. P. Stern

©

CAMBRIDGE UNIVERSITY PRESS

1966

*Printed in Great Britain at the University Printing House, Cambridge
(Brooke Crutchley, University Printer)*

LIBRARY OF CONGRESS CATALOGUE
CARD NUMBER: 65-19157

CONTENTS

INTRODUCTION

Arthur Schnitzler is the representative playwright and story-teller of the last years of the Austro-Hungarian Empire. The main virtues and limitations of his large literary work spring from one and the same source. He is the chronicler of all the moods and intrigues, the social events, the affairs and betrayals of the middle and upper-middle strata of Viennese society in the first decades of this century. The easy and unexacting style of his plays and short stories retraces with great fidelity the atmosphere of the Viennese social world into which he was born and which he never left. To this world his imagination is confined—it certainly does not move outside it with any great success; and his finest achievement is connected with his capacity to recreate this world for us in all its tragi-comical details. He has the gifts of a genuine story-teller and social dramatist, and there is nothing of the doctrinaire naturalist about him. By this I mean that for him fidelity to the every-day world is not part of an elaborate literary theory but a thing to be taken for granted, and that he selects his material with a view to its literary effects, not with a view to illustrating a social thesis or to portraying an 'average' social situation.

Schnitzler's life is soon told. He was born in Vienna on 15 May 1862 into a well-to-do upper-middle class Jewish family; his father, Johann Schnitzler, was a distinguished medical man and university professor. After completing his studies at the famous Akademisches Gymnasium, Arthur became a student at Vienna University in 1879; its medical school was then at the height of its fame. He served as 'Einjährig Freiwilliger' in the Imperial Army Reserve and left it, to resume his studies, with the rank of 'Oberarzt'. After obtaining his degree in 1885 he became 'Sekundararzt' (=house surgeon) at various

Viennese hospitals; he assisted his father (a throat specialist), and published several scientific papers, including one on hypnosis and auto-suggestion. In 1893, on his father's death, he left hospital work and from then on practised only privately. In 1903 he married Olga Gussmann, who has described some of their early meetings in a memoir.[1] They had two children, and were divorced in the 1920's.

Schnitzler's literary activities began in a typically Viennese mixture of muddle and graft. At the age of sixteen or seventeen he submitted a slight one-acter to the manager of a school for dramatic art and was delighted to have it instantly accepted, because his name was mistaken for that of his influential father. From 1886 onwards he contributed stories and playlets, mainly anonymously, to various magazines; his literary fame begins with *Anatol*, a series of dramatized episodes concerning the amorous pursuits of a young man about town; he had the play published at his own expense in 1893, and a scene from it was performed for the first time at the spa theatre in Ischl in that year.[2]

From that time until his death almost forty years later, Schnitzler led the life of a successful writer in a society which was immensely 'in on' every artistic whim and fashion, and which was only too ready both to pose as a model for him and also to provide him with an audience. When we read (in an autobiographical note he wrote in 1928) that he never entirely gave up his fashionable practice, we may guess that both artist and doctor were equally involved in his medical work. He conducted an extensive correspondence with most of the writers, musicians and painters of his time, as well as with the theatrical producers who were staging his plays in Austria and Germany. He came in for a good deal of abuse and notoriety,

---

[1] See bibliographical note on p. 43.

[2] The first important review of the whole cycle was written by Karl Kraus in the Leipzig monthly *Die Gesellschaft* (1893), I, 109 f.; it is reprinted in E. L. Offermanns's ed. of *Anatol* (Berlin, 1964), pp. 180–1.

first with the publication of *Leutnant Gustl* in 1900, then, in 1903, with the production of *Reigen* on the stage of the Vienna 'Kammerspiele'. *Reigen* is cast in the episodic form which Schnitzler had used in *Anatol*, but while the erotic theme which connects the individual episodes in Anatol's life is treated fairly discreetly, in *Reigen* the link becomes, quite overtly, the sexual act itself. All Vienna is held together by the coital bond— from whore to soldier, from soldier to chambermaid, from chambermaid to the young gentleman, from the young gentleman to the 'respectable' young married woman, from her to her husband, from the husband to the mistress, from the mistress to the 'poet', from him to the actress, from the actress to the aristocrat, from the aristocrat to the whore with whom the merry-go-round began.

Schnitzler's reputation reached its peak in the years just before the First World War, and from that time too dates his friendship with Sigmund Freud, a man whose career ran a course similar to his own. On 5 May 1906, Freud wrote to Schnitzler:

Verehrter Herr Doctor,

Seit vielen Jahren bin ich mir der weitreichenden Überein-stimmung bewußt, die zwischen Ihren und meinen Auffassungen mancher psychologischer und erotischer Probleme besteht, und kürzlich habe ich ja den Mut gefunden, eine solche ausdrücklich hervorzuheben. (Bruchstück einer Hysterie-Analyse 1905.) Ich habe mich oft verwundert gefragt, woher Sie diese oder jene geheime Kenntnis nehmen könnten, die ich mir durch mühseliges Erforschen des Objektes erworben und endlich kam ich dazu den Dichter zu beneiden den ich sonst bewundert. Nun mögen Sie erraten, wie sehr mich die Zeilen erfreut und erhoben in denen Sie mir sagen, daß auch Sie aus meinen Schriften Anregung geschöpft haben. Es kränkt mich fast daß ich 50 Jahre alt werden mußte, um etwas so Ehrenvolles zu erfahren.

Ihr in Verehrung ergebener
Dr Freud

The affinities between their works are striking enough for Freud to remark, many years later,[1] that he thought of Schnitzler as a double. A figure like that of Anatol, with his dread of ageing, his nervous, self-deprecating irony and flirtatiousness, his repressed memories and compulsive eroticism, hovers on the threshold of the analyst's consulting-room. Fräulein Else (in the story of that name, 1924), who revenges her injured pride and sexuality by committing suicide, reads like an extended Freudian case-history; her analytical *monologue intérieur* (a form Schnitzler uses here with a good deal more sophistication than he had done in *Leutnant Gustl* twenty years before) is shown to be the subconsciously articulated means by which she comes to her decision—and that monologue, certainly, could find its place in *Imago*, the periodical of Freud's 'Society for Psycho-Analysis'. The analytical scrutiny of motives, and the use of actions and words as symptoms of inner tensions, these are as typical of Schnitzler's attitude to his fictional characters as they are of Freud's to his 'real' ones; and if Schnitzler's characters are almost always drawn 'from the life', Freud's patients are, obversely, in a peculiarly fictional and 'unreal' situation. For Freud—at least in the works he wrote before the First World War—it is the individual human being and his private emotional life which are of central, all-absorbing importance: society is something the average person must be taught to come to terms with, it is not an inseparable part of his deepest humanity (and the exceptional person is solitary and must remain so). The notion of a radical individualism is as fundamental to psychoanalysis as it is to the ideology of the Austrian middle classes from which it sprang and from which it recruited its practitioners and patients. We shall see that Schnitzler's individualism is of much the same radical kind. This is why neither Freud nor Schnitzler has anything very

[1] See his letter to Schnitzler, 14 May 1922, in Ernest Jones's *Sigmund Freud* (London, 1957), III, 474, where Freud speaks of his 'Doppelgängerscheu'.

significant to say about one of the major phenomena of their time and ours—the many nationalisms and mass-movements which saw the light of day in Vienna. Reading Freud on the subject of the First World War, for instance,[1] one comes away with the peculiarly misleading impression that its outbreak and horrors were all due to personal neuroses and aggressively released inhibitions; as though political and economic motives could all be reduced to and explained away by psychic deprivations. For Schnitzler any cause becomes banal and corrupted the moment it becomes common. He was a close friend of Theodor Herzl, the founder of modern Zionism, and did a great deal to further Herzl's literary and journalistic career; but he was never seriously interested in Herzl's *Der Judenstaat* (1896), the stirring manifesto in which Herzl's plans of his 'back to the land' campaign were first laid down, and where Palestine is mentioned as the future Jewish home-land. Schnitzler never denied his Jewish origins, but he regarded political Zionism as a 'collectivist' escape from individual responsibilities. In this respect as in every other Schnitzler's attitude is private and anti-political. It is summed up most poignantly in one of the many discussions on the 'Jewish problem' which make his novel *Der Weg ins Freie* such an interesting and inconclusive document:

> Was ist Ihnen Ihr 'Heimatland' Palästina? Ein geographischer Begriff. Was bedeutet Ihnen 'der Glaube Ihrer Väter'? Eine Sammlung von Gebräuchen, die Sie längst nicht mehr halten, und von denen Ihnen die meisten gerade so lächerlich und abgeschmackt vorkommen als mir. (Chapter III.)

The refusal to take the 'Jewish problem' seriously is part of a more general indecisiveness and malaise that pervade the novel. No purposeful choices are made. Instead, Schnitzler shows how, in their indecision, the main characters become the

---

[1] See 'Zeitgemäßes über Krieg und Tod', 1915, in *Werke*, x (London, 1945), 341–54.

victims of social and political pressures beyond their (and apparently anyone else's) control;[1] yet the full consequences of this drift are not made clear (as they are made abundantly clear in the writings of his contemporary, Karl Kraus). I think the reason why Schnitzler did not discern the forces of violence that were nascent in the society he knew so well was precisely that he knew it too well, that he was too much a part of it.

With the collapse of the Austro-Hungarian Empire in the defeat of the Central Powers in 1918, Schnitzler's world seemed to lose its relevance, and in the 'twenties he was accused by many critics of trying to revive sentiments and attitudes which were no longer valid or even intelligible; most of his major works were in fact written before the First World War. His fame reached its nadir after the German occupation of Austria in 1938, when all his writings were banned. The present fashionable interest in the Vienna of 1900 (similar to the French interest in *la belle époque*) has brought many of his plays back to the theatre. In Vienna itself many remarkably accomplished productions of his comedies and of *Liebelei* have been staged (e.g. in the Theater in der Josefstadt under the direction of his son Heinrich Schnitzler). Whether the attempt to revive some of the larger plays, like *Der junge Medardus* and *Professor Bernhardi*, will prove equally successful remains to be seen. It is in these plays—whose themes are a good deal more ambitious—that his limitations become most patent.

Unlike many of his Viennese fellow-artists, including his friend Hugo von Hofmannsthal, Schnitzler did not allow himself to be exploited as a propagandist during the First World War;[2] nor did he make any political pronouncements

---

[1] Cf. C. E. Schorske, 'Politics and the psyche in *fin de siècle* Vienna', in *American Historical Review*, LXVI (1960), 938–9.

[2] Karl Kraus, who disliked Schnitzler's work almost as much as he disliked its readers, acknowledged Schnitzler's silence: 'Sein Wort vom Sterben wog nicht schwer. / Doch wo viel Feinde, ist viel Ehr: / er hat in Schlachten und Siegen / geschwiegen' (*Worte in Versen*, III, Wien, 1918, p. 28).

when the First Austrian Republic was founded. He remained what he had always been—a private person. He died on 21 October 1931, shortly before that Republic received its first blow. The terrible events that were soon to destroy the last vestiges of his world—and a great deal more—he did not live to see. And in a literature as full of prophetic insights as is German literature since Nietzsche, it is something of a relief to find a writer who is entirely free from vatic ambitions—a writer who, when attacked for being outmoded, has the moderation to reply (in a letter of 3 June 1924):

> Wenn es selbst eine 'abgetane' Welt wäre — wäre sie dann ein minder würdiges Objekt für einen Dichter?...Unseres Amtes ist es, das Gegenwärtige zu bewahren, das Versunkene heraufzubeschwören, und das Zukünftige — aber ich will nicht um des Rhythmus willen eine Beiläufigkeit sagen.

THE RANGE

The Viennese critics of his day praised Schnitzler for his generous understanding of human weaknesses, and his accurate portrayals of emotional entanglements. These qualities are present in the two plays and the story I have chosen for the present volume, but they are not the reasons for my choice. Neither a sympathetic understanding nor accuracy are enough to preserve works of the imagination from oblivion. What makes for a masterpiece is something over and above these. We must be convinced by the author that the situation portrayed has a claim on our attention, that it intimates a genuine human possibility—that in some way it really matters. And if (as I would suggest) this is true of the works that are here reprinted—if this is true in spite of the fact that their social and even their psychological situations are no longer very obviously relevant to our own times—then the achievement is due to an insight, successfully conveyed, which goes beyond the psychological and the social. In each of these three works, then, the central social situation is seen through all the way to its conclusion, past the 'sympathetic' understanding, to the point where a human weakness, or viciousness, or deprivation is shown up in the full light of its consequences, and the apparently trivial is projected to its catastrophic conclusions. And these conclusions are either not available to the characters themselves, or if they are available then the characters face them no longer as social beings but in their solitude which is, as often as not, the solitude of betrayal.

To be able to attain to, and convey, such an insight, a writer must know more than the milieu he portrays. He must also be able to judge it, however implicitly, by standards which we are persuaded by his art to recognize as valid. They need not *be* familiar—the masterpieces of literature do not merely repeat, do not merely remind us of, what we know already. The judgements they intimate, like the experiences they convey, must *become* familiar, for whatever remains wholly strange can have no claim on our moral imagination.

'LIEBELEI':

Fritz

Die Mutter der Ausschweifung ist nicht die Freude, sondern die Freudlosigkeit. (Nietzsche.[1])

Liebelei had its premiere in the Burgtheater on 9 October 1895, and is said to have been the first play ever produced there in which a leading character spoke in Viennese dialect.[2] It has about it a bareness, a simplicity that is classical in its quality and appeal. The betrayal which is the play's central theme is absolute and, in respect of its victim, irredeemable. It is the story of a love-affair, 'only a love-affair': of an encounter which to the girl, Christine, means almost everything, to

---

[1] *Menschliches, Allzumenschliches*, II (1886), para. 77.

[2] The cast included two of the greatest actors of the day, Adolf Sonnenthal as Weiring and Adele Sandrock as Christine.

Fritz, the young man, almost nothing. Yet this qualification does not diminish the appeal of the drama. On the contrary, this 'almost' contains the concrete circumstances and defines the actual character of each protagonist.

Fritz is the typical[1] young bachelor of his time and place. He is in comfortable circumstances, living in the city on an allowance from his family who farm in the provinces. He has done his service in the Army and is now an officer in the reserve—a fact which permits him to wear uniform whenever he wishes to impress someone. To have served in the Army is about the only thing he has ever done at all seriously; his university studies are certainly unpreoccupying, they do not affect his outlook beyond enabling him to utter an occasional piece of 'philosophical' sententiousness about the fleetingness of life. When Christine asks him what he does all day he answers honestly enough: 'Look, darling, that's very simple. I go to lectures—every now and then—and then I go to the coffee-house...then I read a bit...sometimes I play the piano ...then I chat with a friend or two...then I go visiting...but it's all of no consequence, it's boring to talk about it'. He himself is bored, but not consistently so; the kind of 'existential', passionate boredom which informs Georg Büchner's Danton and which drives Danton to seek consolation in the extremes of sensual experience and in suffering, is totally alien to Fritz. Unconsciously, and in perfect conformity with the habits of his circle of friends, he arranges his life and his love-affairs so as to avoid having to meet his boredom face to face. He is true to type—the type made memorable by Tolstoy in the figure of Stiva (in *Anna Karenina*) and by Oscar Wilde in the hero of *The Importance of Being Ernest*. There is nothing absolute, nothing in the least passionate about him; even that overt, ruthless cynicism which enables Leutnant Gustl to

---

[1] Schnitzler's own view is: 'Ohne Sympathie angesehen wird Jeder zum Typus' (Diaries, 19 July 1912). The point I wish to make is that by creating an *individual* Schnitzler establishes a *type*.

triumph in the hour of his adversary's death is an emotion too distinct and too powerful for Fritz's character. He likes his agreeable, unstrenuous life well enough, but even that life he does not love as much as he fears death. Here if anywhere in literature we may speak of that 'morality of inertia' which accommodates itself perfectly 'realistically' to the daily round with its brief pleasures and melancholy disappointments, its slightly shamefaced enjoyments of class privilege, its undemanding friendships and exciting little betrayals. Fritz is indeed disarming, neither 'villain' nor 'hero': his capacity for affection is as unreflective and as 'natural' to him as are all his other qualities. For all his sophistication there is something childish about him—each of his emotions is born of the moment and dies as the moment passes away. But he is not a 'genuine' Don Juan either: not even his inconstancy is wholly constant: an occasional pang of self-awareness, an ineffectual recognition of what he really is, and a pervading sentimentality, cramp his style. It is this casual, sentimental awareness of his capacity for betrayal which, for all his apparent gaiety, gives a taint of joylessness to Fritz's character and to his actions in the play—this, and his ever-present fear of discovery and death.

Fritz has two affairs: one with a 'respectable married woman', another with Christine, who is really no more to him than 'etwas Süßes, Stilles, das mich umschmeichelt, an dem ich mich von den ewigen Aufregungen und Martern erholen kann'. He is too weak and too corrupted to understand fully what Christine has to offer him, or to act even on his partial understanding. And he is too weak to rebut the convention that compels him to fight a duel 'for' a woman who is no more to him than yet another casual adventure. He no more 'believes' in the convention than he believes in anything else,[1] but the one thing that has been drilled into him in the Army is his 'Satisfaktionsfähigkeit'. The 'Ehrencodex' to which this term belongs is simple enough: it allows him to sleep with an-

[1] We shall see how this situation is repeated in *Leutnant Gustl*.

other man's wife on condition that he should not be found out or, if he is, that he should be ready to give 'satisfaction' to the cuckolded husband by fighting a duel with him. This archaic convention it never occurs to Fritz to question—not because its sway over him is absolute but because everything else about him, even his love of life, is so relative. The husband's discovery utterly cows him, and when he is challenged it never occurs to him to run away—that is the extent of decency as his world understands it, but (seeing that it never occurs to him that he might win) it is also the extent of his will to live.

The fear of death

Peter Altenberg, a contemporary and friend of Schnitzler's, once observed that only in the superficial is true depth to be found. Is Fritz such a 'deeply superficial' character? Like a good many other 'heroes' of Schnitzler's plays, he is essentially frivolous; the main fact about him that emerges as the play reaches its climax is that he neither fully understands, nor is able to respond to, an essentially serious situation—the situation of love. But his superficiality is not a jolly, unreflective 'love 'em—leave 'em' attitude—it is 'deeply' rooted in the fear of death: and certainly, in comparison with the trivialities of his daily round, this fear *seems* to give him a dimension of depth (which his friend Theodor, for instance, is lacking). The dramatic occasion from which this fear springs is the threat of the duel: yet the duel is no more than the *coup de théâtre* that makes the fear actual; for even before Fritz has had any real reason to suspect that he has been discovered and will be challenged, even then his mood is anxious and joyless. Is this undertone of *timor mortis conturbat me* a genuine sign of 'depth', of seriousness?

There are occasions in Schnitzler's dramas and prose-writings when he tries to do what 'Loris', the young Hugo von Hofmannsthal, does in some of his more sentimental poems: Schnitzler sets out to *validate* this fear of death, attempting to make it into something spiritually or morally significant (as Hofmannsthal attempts to give it an aesthetic value). The play *Der einsame Weg* (1903), for instance, opens with an encounter between a girl and her future lover, in the course of which she asks, 'Warum reden Sie denn vom Sterben?', and he replies, 'Gibt es einen anständigen Menschen, der in irgend einer guten Stunde in tiefster Seele an etwas anderes denkt?' (I, 2). The reply is anchored in the dramatic situation, it is characteristic of the man, but at the same time it has a wider relevance. This fear of death is fundamental to Schnitzler's view of human character. Suspicious of any attitude that is in the least heroic, he presents this fear not as something a man steels himself to conquer, but on the contrary as the hallmark of a man's 'decency' ('gibt es einen *anständigen* Menschen...'), of his 'depth' ('in *tiefster* Seele'), as the truth vouchsafed to him by his best insight ('in ...einer *guten* Stunde'). Furthermore, Schnitzler too presents this fear as an *aesthetic* value, as the sure sign of a man's sensitiveness, as though it were the only possible alternative to the heedless enjoyment of material and erotic pleasures. But Schnitzler is no 'existentialist' writer: the attempt to endow human experience with value through the fear of death does not work, and he is honest enough to say so: the solitude into which his 'heroes' move in the face of death is complete and inconsolable, their fear becomes abject. They are killed obeying the only obligation they ever acknowledge (the code of honour), yet they are robbed of all dignity because it is an obligation they themselves know to be a sham. The scale that stretches between this fear, in its various degrees of vividness, and the pleasures, in their various degrees of evanescence, is often all that the human emotions amount to in Schnitzler's plays—and the scale is not enriched by saying that it is 'typically Viennese'. We may well hesitate to identify Schnitzler himself with this Viennese ethos; but all too often we find that no other emotions are offered—offered, I mean, not didactically but through a dramatic protagonist. And what gives *Liebelei* its quality of distinction is that here for once an alternative is offered.

Christine

It is not necessary to bring up the heavy guns of Marxist literary criticism to recognize that 'das süße Mädel', the type that Schnitzler introduced into literature,[1] has its origins in the social situation of his age; and the suggestion is at hand that such a girl's predicament is (as a critic wrote apropos of *Anna Karenina*) 'the test of the moral and human worth of any given state of society'. First and foremost, she is socially inferior to her lover and conscious of her inferiority—she unquestioningly accepts his, and society's, valuation of her. The fact that she is ready to 'fall in love' with the 'young gentleman', and 'to give him her all' is above all a tribute to his social position. (In recognition of this fact Schnitzler calls one of his plays *Freiwild*, i.e. literally, 'Fair Game'.) Conversely, her immense attractiveness lies above all in her sexual accessibility, and that in turn is due to her being only too ready to value herself no more highly than she is valued by the society to which she does not belong. What is so attractive about her to the 'young gentleman' is that she is so utterly unexacting. She comes from a poor home, therefore she expects little and is impressed by the most modest of luxuries; the young gentleman's capacity for witty or brilliant conversation is indeed limited, but then the girl's demands in that direction too are easily satisfied; all they both want is 'a bit of fun'; she offers that relaxation of manners and conversation—'Erholung'—which the man misses in the more demanding women of his

---

[1] However, the character has its antecedent in Nestroy's comedy *Das Mädl aus der Vorstadt* (1841, on the theme of de Kock and Varin's *La jolie fille du Faubourg*, 1840), where the hero, Schnoferl, satirizes this kind of affair (I, 11).

own class; and (the implication is also at hand) she offers and achieves erotic satisfaction more readily than do the more sophisticated and less natural middle-class 'society ladies' from whose salons the young man will eventually choose his bride. For the most convenient aspect of such an affair as Fritz has with Christine is that the girl has no expectations whatever of marrying her lover, and that she accepts their relationship on these terms. From his point of view at all events it is not putting it too harshly to say that she is little more than an object—an object of gratification ('ein Stilles, Süßes'); and that (again from his point of view) he comes close to thinking of her as a better-class prostitute, except that she probably won't take any actual money. These are the terms on which Fritz first 'falls in love' with Christine. To say all this is not to deny that there are moments of enchantment in such a relationship; in *Weihnachtseinkäufe*, the second episode in the *Anatol* sequence, it is this charm that comes to the fore, and here the 'respectable married woman' is envious of the happy moments of oblivion and fulfilment which she cannot achieve in her marriage. But it is only a momentary enchantment, and any such attachment that craves for permanence is doomed.

Just as the man's role is characterized by an inconstancy which he may or may not wish to hide, so the girl's is marked by her awareness of the impermanence of the affair. A casual first encounter: a series of clandestine meetings, lasting a few days, weeks, perhaps months: an ending as casual and sudden—that, and 'a few beautiful memories for life', is the sum of the girl's expectations. These are precisely the terms on which the play's second couple, Mizi and Theodor (friends and confidantes of Christine and Fritz respectively), conduct *their* affair; these are the rules of 'the game'—*Spiel* is one of Schnitzler's favourite metaphors—that Mizi tries to teach Christine. Why will she not learn it?

Of course the simple answer is that Christine is what she

is—so much less pleasure-seeking than Mizi, so much less ready to 'love and forget'—for the simple and sufficient reason that she is a different person; with the same characteristic traits of the 'type' potentially present in her and the same social circumstances pressing in upon her, she is yet as different as one soul is different from another soul.

One of the greatest virtues of the play lies in the fineness of its internal connections; and the fineness of the web in which its characters are caught makes it necessary to define each in terms of the other. In her difference, in her departure from 'the type', Christine is able to affect Fritz: not permanently or substantially, not to the extent of making him into a different person. There is a scene in Act II when they are alone, when his frivolity gives way to a feeling that is neither wayward nor cynical—a feeling, quite simply, of love. Even at this moment, however, Fritz does not leave the type in which he is cast, for although his feeling is 'genuine' enough, it is once again momentary and inconsequential, it comes upon him despite himself—only to Christine's trusting and inexperienced heart does this brief moment appear as a harbinger of a future happiness.

Each has acted out a different kind of make-believe: while Fritz has pretended, at least intermittently, that there may be a future for their affair, Christine has pretended, or at least tried to pretend, that she is content with its impermanence, that she will be content to let him go as soon as he wants his 'freedom'. Both have thus been denying their fundamental characters: Fritz his irremediable frivolity, Christine her passionate seriousness. And the climax of the play is simply the point when the truth—the truth about each of them—is established and its tragic consequences are drawn. The tragic conclusion lies not in Fritz's death in the duel, but in Christine's realization that she meant nothing to him: that *nothing* meant anything to him: and that she gave herself, all she was, to this nothing. The tragic conclusion lies in her realization of an absolute betrayal.

Tragedy?

Contemplating the problems of tragedy in the literatures of his day, the philosopher Georg Friedrich Wilhelm Hegel (1770–1831) asks a number of radical questions, at least one of which is relevant to the play before us. For Hegel, who took his criteria from classical Greek drama, tragedy is the inevitable consequence of a collision of major interests. These interests are *publicly* recognizable, because they involve the tragic hero in a conflict with institutions closely familiar to the public for which the dramatist is writing. It is because the issue of such a conflict is recognized by the spectator as familiar and valid that tragedy can command his interest and 'empathy'. In modern times, on the other hand (Hegel argues), the public issues are replaced by private ones, and among these the most characteristic are the conflicts of love. To such conflicts Hegel denies ultimate importance. Of course they will move the audience, he says (and Hebbel[1] echoes him), because each spectator has a heart and can recognize what it means to be deprived of his heart's desire, but they are no more than moving ,'rührend'. Such conflicts are lacking in that necessity which is the hallmark of the genuinely tragic conflict, because the choice in which the individual has been thwarted is, after all, no more than an individual, arbitrary choice: he or she could have chosen another partner to love, whereas Antigone could not have chosen another law to obey. And this situation, Hegel concludes, cannot command our most serious intellectual interest or our fullest sympathy:

> Die Individuen in der hohen Tragödie der Alten, Agamemnon, Klytämnestra, Orest, Ödipus, Antigone, Kreon usf. haben zwar einen individuellen Zweck;[2] aber das Substantielle, das Pathos, das sie als Inhalt ihrer Handlungen treibt, ist von absoluter Berechtigung und eben deshalb auch in sich selbst von allgemeinem Interesse....Diese Leiden aber der Liebe, diese zer-

---

[1] In his Vorwort zu *Maria Magdalene* of 1844. [2] = purpose.

scheiternden Hoffnungen, dies Verliebtsein überhaupt, diese
unendlichen Schmerzen, die ein Liebender empfindet, diese
unendliche Glückseligkeit und Seligkeit, die er sich vorstellt, sind
kein an sich selbst allgemeines Interesse, sondern etwas, was nur
ihn selber angeht. Jeder Mensch hat zwar ein Herz für die Liebe
und das Recht, dadurch glücklich zu werden; wenn er aber hier,
gerade in diesem Falle, unter den und den Umständen, in betreff
gerade auf dieses Mädchen, sein Ziel nicht erreicht, so ist damit
kein Unrecht geschehen. Denn es ist nichts in sich Notwendiges,
daß er sich gerade auf dieses Mädchen kaprizioniere,[1] und wir
sollen uns daher für die höchste Zufälligkeit, für die Willkür der
Subjektivität, die keine Ausdehnung und Allgemeinheit hat,
interessieren.[2]

Now the betrayal that Christine suffers is of course a 'private'
experience, and yet it is more than that. She is what she is, and
yet she is also (as I suggested) a type. No great 'institutions'
or world-historical 'laws' (such as Hegel had in mind) collide,
yet a social order is involved. True, she could have chosen
another lover but, the world in which she was reared being
what it is, the result would have been the same; and the few
indications we have of her upbringing and family background
are enough to show us what determines her choice.

When her father is first mentioned, we are reminded of
Musikus Miller in Schiller's *Kabale und Liebe*. But the initial
resemblance (old Weiring is a violinist in one of the fashionable
Viennese theatres) only emphasizes the contrast. Whatever
similarity there may have been between their material con-
ditions, Luise's father is conscious of his social standing and of
the fact that no liaison is possible between her and Ferdinand,
the President's son. His outlook is as narrow as are his
circumstances, but his pride is a moral and social value to
which he commits himself and his family:

> MILLER Eh will ich mit meiner Geig' auf den Bettel herumziehen,
> und das Concert um was Warmes geben — eh will ich mein

---

[1] = that he should capriciously insist on....
[2] *Aesthetik*, ed. F. Bassenge (Berlin, 1955), pp. 537–8.

Violoncello zerschlagen und Mist im Sonanzboden führen, eh
ich mir's schmecken lass' von dem Geld, das mein einziges
Kind mit Seel' und Seligkeit abverdient....Ich werde sprechen
zu Seiner Excellenz: Dero Herr Sohn haben ein Aug auf
meine Tochter; meine Tochter ist zu schlecht zu Dero Herrn
Sohnes Frau, aber zu Dero Herrn Sohnes Hure ist meine
Tochter zu kostbar, und damit basta! — Ich heiße Miller.

(I. I.)

The ethos that speaks in these lines is 'bürgerlich', Protestant,
and German.

The outlook of Christine's father is totally different. What
he is concerned with is, quite simply, his child's happiness,
which he conceives in purely private terms, as a value the
moral and social implications of which he hardly examines.
He knows about Christine's affair—the widowed father's
relationship to his daughter is too close for her to be able to
hide anything so important—why then does he not interfere?
The scene in which the answer is given is not wholly successful
dramatically, yet it contains an astonishing disclosure of
motives. Herr Weiring is talking to Katharina, their neigh-
bour, who has come round to gather gossip about Christine.
Nothing could be more familiar to a German or Austrian
audience than the 'kleinbürgerlich' world on which this scene
opens,[1] and so is the mixture of indignation, envy and concern
which is voiced in Katharina's disapproval of girls who have
aspirations 'above their station in life' and encourage lovers
from the upper classes:

> KATHARINA Auf einen Grafen kann man ja doch nicht warten,
> und wenn einmal einer kommt, so empfiehlt er sich dann
> gewöhnlich, ohne daß er einen geheiratet hat...Na ja...

---

[1] We find it of course in *Kabale und Liebe* (1784) and many other *Sturm-und-Drang* plays, including Lenz's *Die Soldaten* (1776) and the Gretchen-scenes in the first part of *Faust*; it is present in Hebbel's *Maria Magdalene* (1844), in the early plays of Gerhart Hauptmann, especially *Rose Bernd* (1903), and again in Anzengruber's *Das vierte Gebot* (1877).

> Deswegen sag ich auch immer, man kann bei einem jungen
> Mädel nicht vorsichtig genug sein — besonders mit dem
> Umgang —

Herr Weiring's reply would have been familiar enough in
everyday life, yet on the stage it is, I believe, unprecedented.
Instead of preaching in the high moral tone that befits a father
in classical drama, he begins to question that very morality of
self-denial, of 'Lead us not into temptation', in which
Musikus Miller's character is founded. That morality, Weiring
recalls, had informed *his* life, and his sister's, who lived with
him until her death. And what did it all amount to? Well, she
led a moral, innocent life under her brother's care:

> WEIRING ...und ich...bin mir selber weiß Gott wie gescheit und
> edel vorgekommen. Aber dann, später, wie so langsam die
> grauen Haar' gekommen sind, und die Runzeln, und es ist ein
> Tag um den andern hingegangen — und die ganze Jugend —
> und das junge Mädel[1] ist so allmählich — man merkt ja sowas
> kaum — das alte Fräulein geworden — da hab' ich erst zu
> spüren angefangen, was ich eigentlich getan hab!
>
> KATHARINA Aber Herr Weiring —
>
> WEIRING Ich seh' sie ja noch vor mir, wie sie mir oft gegen-
> übergesessen ist am Abend, bei der Lampe, in dem Zimmer da,
> und hat mich so angeschaut mit ihrem stillen Lächeln, mit dem
> gewissen, gottergebenen — als wollt' sie mir noch für was
> danken — und ich — ich hätt' mich am liebsten vor ihr auf
> die Knie hingeworfen, sie um Verzeihung bitten, daß ich sie
> so gut behütet hab' vor allen Gefahren — und vor allem
> Glück!

The despair that is expressed in these simple words is really
inconsolable: old Weiring's worldliness, his appeal to *Glück*, is
absolute: no religious creed, no moral dogma is suggested that
could make good this feeling of deprivation. This is the ethos
for which Schnitzler's friend Sigmund Freud formulated his

---

[1] Here and later in this scene Herr Weiring speaks of his sister; it is this
mention of another character which somewhat impairs the dramatic impact of
the scene.

doctrine of the 'pleasure-principle' as the sole and absolute end towards which the psyche directs its energies, coining the word 'Johannistrieb' to designate the panic and despair when the last opportunity of a possible satisfaction has gone by.

In the face of this disillusionment Herr Weiring has decided to abdicate his moral authority and let Christine pursue her 'happiness' as she chooses. Her choice is, as I suggested, limited by her station in life. So it is with Mizi and all her other girl friends—why then does it in her case lead to catastrophe? Because she is incapable of the kind of frivolous relationship that satisfies the other girls? Certainly. But why does it not satisfy her? Because, after all, the moral seriousness which her father rejected lives on in her—she yearns not for 'eine Liebelei' but for love. This yearning in her is betrayed by poor, insignificant Fritz, but also by everything he and his society stand for; and the betrayal is an injury from which she does not recover.

Is this then tragedy as Hegel conceived of it? We may at least say that *Liebelei* comes closer to Hegel's conception than his high philosophical terminology would allow us to expect. True, the catastrophe that overtakes Christine is purely personal, yet the betrayal that led to it and the indictment it wrings from her involve a whole social order, a whole mode of life. True, what motivates her death is 'only' a personal feeling, but in that feeling there is none of that 'adventitious-ness', that 'arbitrariness of subjectivity' of which Hegel had complained in modern drama. The quality of her feeling is not to be measured by the unworthiness of its object. The love that is here betrayed reaches to the bedrock of human experience; and so does the pride that lends voice to Christine's searing ac-cusation—the pride of one who at last has come to know her own value. For when Theodor arrives to tell her of Fritz's last day—'Am letzten Morgen, wie wir hinausgefahren sind...hat er auch von Ihnen gesprochen'—it is this 'auch', this reduction to a mere exchangeable thing, this suggestion that what to her was unique was to Fritz part of a meaningless pattern, which rouses her deepest protest:

> CHRISTINE Auch von mir hat er gesprochen! Auch von mir! Und von was denn noch? Von wie viel andern Leuten, von wie viel andern Sachen, die ihm grad so viel gewesen sind wie ich? — von mir auch! Oh Gott!...Und von seinem Vater und von seiner Mutter und von seinen Freunden und von seinem Zimmer und vom Frühling und von der Stadt und von allem, von allem, was so mit dazu gehört hat zu seinem Leben und was er grad so hat verlassen müssen wie mich...von allem hat er mit Ihnen gesprochen...und *auch* von mir....
>
> THEODOR (*bewegt*) Er hat Sie gewiß lieb gehabt.
>
> CHRISTINE Lieb! — Er? — Ich bin ihm nichts gewesen als ein Zeitvertreib — und für eine andere ist er gestorben — ! Und ich — hab' ihn angebetet! — Hat er denn das nicht gewußt? ...Daß ich ihm alles gegeben hab', was ich ihm hab' geben können, daß ich für ihn gestorben wär' — daß er mein Herrgott gewesen ist und meine Seligkeit — hat er denn das garnicht bemerkt?

This knowledge of the truth she attains in absolute isolation—in the eyes of the world she has no standing, no right even to mourn Fritz's death; and neither her father's love nor the consolation of religion ('Ich will dort nicht beten...nein') can now reach her. Yet in this knowledge and assertion of her own worth and identity, attained in an isolation she is not strong enough to endure, lies the tragic pathos of the play.

THE LIMITATION

Schnitzler is at his best and most illuminating in those of his works where, drawing the full logical consequences of the initial situation, he uncompromisingly goes through with the story to its bitter, inconsolable conclusion. We can discern the pattern which his unheroic heroes follow. Their initial situation appears conventional and harmless. For what could be more 'natural' than that a group of friendly people—

attractive in their manners, elegant and 'fesch' in their appearance, sympathetic and often almost compassionate—should wish to pursue their pleasures and happiness according to the conventions of the world to which they belong? The situation in which their strength of character is to be tested is not of their devising. But that is merely because they have failed to anticipate it, not because it is extraordinary. And when they fail the test that circumstances and their own inadvertency and inconstancy have devised for them, there is nothing left. The pursuit of pleasure is, after all, the pursuit of an absolute. When it fails, as fail it must, the end is not tragedy but nothing.

Apart from these nihilistic conclusions, the only alternatives Schnitzler is able to offer are such private virtues as faithfulness, a heedless generosity, 'ein goldnes Herz'; even the assertion on which *Liebelei* ends, though not in the least arbitrary, belongs to a private morality. What he cannot do is to write a play or a story in which the common concerns of a society are presented at all sympathetically. It may well be that his own experience of Viennese society, which was presumably largely negative, limited his imagination. Whatever the reason, a comparison with his contemporary Anton Chekhov will make clear the literary losses which this entails.

The points of such a comparison are obvious enough. Both writers were by profession medical men; both had a profound understanding of the mental and moral anguish of their patients, and of some of the sources of that anguish. Both were primarily dramatists, and it was natural for them to draw the materials for their plays from the societies around them. Both had some knowledge of how close to their dissolution these societies really were, and the melancholy undertone of many a conversation in their plays and short stories can be traced back to that sympathetic knowledge. Both dislike rhetoric and prefer to work by understatement and innuendo. And here the similarities end.

The differences between them are perhaps more illuminating. While Chekhov's sense of the connection between the comic and the tragic has a parallel in Schnitzler, the humour of Chekhov's plays is more fully developed and more economical. Unlike Schnitzler he is not content with the bitter-sweet irony of disappointment, but his sense of humour turns to the incongruity between personal character and real or pretended social situation. Thus there is in Schnitzler no equivalent to Chekhov's affectionate portrayals of those foolish and inconsistent idealists who are forever announcing the coming of a new era. But then, this is a difference of literary traditions as much as of individual gifts—it is as though Chekhov's dramas were richer by a whole dimension. For what ultimately sustains many of Chekhov's characters is the feeling which they express (often at immense length) that they are part of society, and that their involvement in other people's lives may on occasion bring out not (as with Schnitzler) the worst but the best in them. Always, at some final point of despair, beyond the last derisive answer to the questions 'Why?', 'What's the good?', is another assertion, no longer questioned: 'Let us do the accounts...', or 'In fifty years' time the last trees of this forest will have rotted away if we don't do something about it...'.

Chekhov wrote no Soviet tractor-dramas. An unprejudiced account of the social dimensions of his plays would be of little use to the socialist realists. The social responsibility which informs so many of his characters is patriarchal and outmoded, and tainted by sentimentality. Their morality is often naïve and conventional: it is impossible to tell which part of it is social, which is private, and which is clinging to the vestiges of faith. As to the positive social ideals—the characters who propose them are often no better than utopian dreamers or plain cranks. But even though they *are* all ineffective, even though their concern for the future of their own families and estates—and thus, in a fairly direct way, for their country—is hardly more than an occasion for uneasy self-reproaches and a perpetual bad conscience, that concern is there, it is presented as a positive thing, not as an encroachment on their privacy, and sometimes it becomes their saving grace.

Although the initial social situation in which Schnitzler's characters are involved is, as I have said, remarkably similar, the conclusion it yields to him is a good deal more fragmentary. What it amounts to is a disparagement of all kinds of fanaticism—moral, scientific, political, or religious. To the satirist Karl Kraus, who in every fibre of his being was aware of the imminent collapse of the Austro-Hungarian world, this conception of tolerance appeared morally defective; the point to make here is that it is dramatically ineffective also. *Professor Bernhardi* (1912), the most famous of Schnitzler's social 'problem-plays',[1] illustrates my point, for its conclusion is that in respect of its central problem almost everybody—certainly every major character—is wrong, flatly rather than comically wrong. And the row the play started made confusion worse confounded: those who protested against its arguments were outraged at having their precise likenesses made public, whereas those who might have been expected to sympathize with the arguments and applaud the realism were bewildered by the play's inconclusiveness.

Bernhardi, Chief Surgeon at a small Viennese research hospital which he himself has founded, is accused of causing public offence by impeding a priest in the performance of his holy office. The scene on which the play opens is stark enough: a young girl has been infected during an illegal

[1] In the play two more or less contemporary events are conflated: (1) A newspaper story (a cutting of which is preserved in Schnitzler's *Nachlaß*) according to which a father insists that a priest should administer the sacraments to his little boy, who calls out, 'Sterben muß ich?' (2) The case of Professor Ludwig Wahrmund, a lawyer at the University of Innsbruck, accused of having uttered blasphemies in the course of a lecture; on being found guilty of disturbing the common peace he was pensioned off (cf. *Die Neue Freie Presse*, 22 August 1908).

abortion and is on the point of death. She is going through a
state of hallucination, 'absolute euphoria', and when the priest
arrives to give her the sacrament of extreme unction Bernhardi
bars his way into the girl's room, protesting that the priest's
presence will make her realize her true condition and render
terrible—in his view, unnecessarily so—the hour of her death.
Bernhardi and most of his colleagues are Jews. Hence the
scandal that flares up brings to the fore a number of issues—
professional, political, racial, religious—which, to the scientists,
do not seem to be objectively connected with the case itself.
Bernhardi resigns his chairmanship of the hospital board,
refuses to compromise by buying off his chief enemy with a
job for one of his protégés, and is eventually sentenced to two
months' imprisonment. A confrontation of priest and doctor
ends in something like a reconciliation—each is prepared, if
not to condone the other's action, at least to concede his good
will. But of course this message of tolerance, of anti-
fanaticism, resolves neither the religious problem posed by
the initial situation, nor the social and racial problems posed by
the subsequent scandal. And the last scene of all amounts not
indeed to a resolution but to a collapse of the argument.
Bernhardi is discussing his case with two ministerial officials
who were involved in his trial. A crucial witness, the nurse
who testified that Bernhardi had used physical force to keep
the priest out of the dying girl's room, has confessed that
she had perjured herself and has publicly retracted her evidence.
Bernhardi is informed that a new legal situation has arisen, but
refuses to appeal. Why? He might plausibly argue that public
prejudice against him is strong enough to lead to a second mis-
carriage of justice; alternatively, he might have some personal
reason for accepting the verdict, even though a small part of
the evidence on which it was based is no longer valid; no such
reason is given. Is it likely (we ask) that a free-thinking
Jewish physician would accept the verdict of a court subservi-
ent to ecclesiastical interests? His convictions, we feel, will

never allow him to do that. But here's the rub: what *are* his convictions? His only reason for refusing to appeal is that *his case has become a public issue*—that, and no more than that. His accusers and his defenders, those who libelled him and those who tried to get the case against him quashed, are to him equally repugnant—for the simple and inadequate reason that they have made into a public issue what to him was a personal problem. When he says, in the last scene,

> Das Problem war nicht mehr österreichische Politik oder Politik überhaupt, sondern es handelte sich plötzlich um allgemein ethische Dinge, um Verantwortung und Offenbarung, und im letzten Sinn um die Frage der Willensfreiheit —

nobody contradicts him, nobody points out that in any social context the 'problem of free will' is never the problem of an exclusively personal morality, and that the attempt to solve it on a purely personal level is illusory.

Schnitzler does not choose an easy solution; it isn't a question, for him, of proving Professor Bernhardi right and everybody else wrong:

> HOFRAT ...Und nebenbei, Herr Professor, ist das ja nur eine Einbildung von Ihnen, daß Sie recht gehabt haben.
>
> BERNHARDI Was, Herr Hofrat? Einbildung, daß ich — Habe ich Sie recht verstanden?
>
> HOFRAT Ich glaub schon.
>
> BERNHARDI Sie finden, Herr Hofrat — ? Das müssen Sie mir doch gefälligst erklären. Ihrer Ansicht nach hätt' ich Seine Hochwürden[1] —
>
> HOFRAT Allerdings hätten Sie, mein verehrter Herr Professor! Denn zum Reformator sind Sie wahrscheinlich nicht geboren.
>
> BERNHARDI Reformator — ? Aber ich bitte Sie —
>
> HOFRAT So wenig wie ich. — Das dürfte wohl daran liegen, daß wir uns doch innerlich nicht bereit fühlen, bis in die letzten Konsequenzen zu gehen — und eventuell selbst unser Leben

---

[1] = in your opinion I should have allowed the priest....

einzusetzen für unsere Überzeugung. Und darum ist es das Beste, ja das einzig Anständige, wenn unsereiner sich in solche — G'schichten gar nicht hineinmischt. —

Yet we can see that what Bernhardi is lacking is not merely conviction but political insight. Again, Schnitzler comes close to making the point:

HOFRAT ...Was hätten Sie denn am End damit erreicht, mein lieber Professor, wenn Sie der armen Person auf dem Sterbebett einen letzten Schrecken erspart hätten? — Das kommt mir grad so vor, wie wenn einer die soziale Frage lösen wollte, indem er einem armen Teufel eine Villa zum Präsent macht.

BERNHARDI Sie vergessen nur das eine, lieber Herr Hofrat, wie die meisten übrigen Leute, daß ich ja nicht im entferntesten daran gedacht habe, irgendeine Frage lösen zu wollen. Ich habe einfach in einem ganz speziellen Fall getan, was ich für das Richtige hielt.

HOFRAT Das war eben das Gefehlte...

Here is a cue for a clear statement and resolution of the conflict: instead, the play ends on a lame witticism:

...das Gefehlte. Wenn man immerfort das Richtige täte, oder vielmehr, wenn man nur einmal in der Früh, so ohne sich's weiter zu überlegen, anfing, das Richtige zu tun und so in einem fort den ganzen Tag lang das Richtige, so säße man sicher noch vorm Nachtmahl im Kriminal.

BERNHARDI Und soll ich Ihnen etwas sagen, Herr Hofrat? Sie in meinem Fall hätten genau so gehandelt.

HOFRAT Möglich — Da wär ich halt,— entschuldigen schon, Herr Professor —, grad so ein Viech gewesen wie Sie.

All we are left with is an undiscriminating contempt for the entire world of public affairs, a contempt which Schnitzler shares with his hero:

Am Zuwidersten ist dem B., daß Leute für ihn Partei nehmen. Auch ich bin ein Politikum geworden.[1]

[1] Nachlaß, dated 25 March 1911. *Politikum* = a political fact.

3-2

The theme of the play, then, is the muddle and defeat of individualism. Implied in that defeat—both dramatically and as a matter of history—are its tragic consequences in the public sphere; but that implication is not taken up.

'LEUTNANT GUSTL'

Leutnant Gustl, Schnitzler's finest prose story, was published for the first time in 1900, in the Christmas number of Vienna's popular Liberal daily, *Die Neue Freie Presse*. Schnitzler was then thirty years old, he had a fashionable medical practice in the centre of the city and held a commission as Medical Officer in the Reserve of the Austro-Hungarian Imperial Army; he was by this time also one of the city's most famous literary figures. A month after it was published,[1] the story was violently attacked in a military review, on the grounds that it presented an officer of the Imperial Army in a dishonourable situation and cast aspersions on the unwritten code of honour according to which contact between officers and civilians was regulated. Schnitzler refused to attend the court-martial that followed, and in his absence was found guilty of having 'violated the professional honour of an officer', and cashiered. The findings of the court were never published, so that we do not know which part of the story it found libellous. All that the court communicated to Schnitzler was this:

> Der beschuldigte Oberarzt etc. hat die Standesehre dadurch verletzt, daß er als dem Offizierstande angehörig eine Novelle verfaßte und in einem Weltblatte veröffentlichte, durch deren Inhalt die Ehre und das Ansehen der österr. ung. Armee

[1] For a full account of the affair cf. *Die Presse* (Vienna, 25 Dec. 1959), pp. 9 and 10; the story was written during Schnitzler's brief stay at Reichenau near the Semmering in the summer of 1900 (cf. Olga Schnitzler's *Spiegelbild der Freundschaft*, Salzburg, 1963, pp. 29–30), and it was Theodor Herzl (cf. his letter of 23 Dec. 1900), then literary editor of *Die Neue Freie Presse*, who secured it for that paper.

geschädigt und herabgesetzt wurde, sowie daß er gegen die
persönlichen Angriffe der Zeitung *Reichswehr* keinerlei Schritte
unternommen hat.   Wien, am 26. April 1901

In holding that grave offence was caused by the story the court
paid tribute to the realism of Schnitzler's description, to the
quality of his imagination. The code of honour according to
which Leutnant Gustl acts, and presumably the mind which
compromises with the demands of the code, were familiar to
Schnitzler's judges; the absurdity of the whole trial and of its
sentence (Schnitzler was too old to be called up anyway) is
characteristic of the declining years of the Austro-Hungarian
Empire. Yet its period flavour does not impair the story's
impact on us. On the contrary, like *Liebelei*, *Leutnant Gustl*
achieves an immortality of sorts by transfixing into a coherent
emblem a moment in the European past, by giving a fully
historical dimension to a genuine human possibility. That
possibility has much the same interest for us as the figure of
Parolles in *All's Well That Ends Well*, except that—unlike
Parolles—Gustl gets away with it: *he* won't be cashiered.

Sigmund Freud's *Interpretation of Dreams* was published in
1899, *Leutnant Gustl* in 1900, Freud's *Psycho-Pathology of
Everyday Life* in 1905. The psychoanalytical method that
Schnitzler's friend and colleague developed consists in a
rigorous self-exploration of the mind, where the analyst's task
is essentially that of inducing a flow of self-revealing talk and
keeping the flow going by means of questions, conversation
and suggested associations. The literary correlative of the
psychoanalytical method is the *monologue intérieur*, of which
Leutnant Gustl is the most powerful and most consistent
example in German literature.

The whole story, with two brief exceptions (one at the
beginning and one at the end), is a confession: it is the writing-
out of a mental content. The mind is that of a young professional officer. All we know about him, we know from him.

The piece begins as we hear the last bars of a concert which the young lieutenant is attending (he was given a free ticket by a fellow-officer whose sister is singing in the choir), it ends at about six o'clock next morning when, after a night spent walking about in the Prater, Gustl rests from his walk and, with a glass of coffee and a freshly baked roll, repairs the ravages of the night and prepares for a new day. (There are some interesting parallels in narrative method with James Joyce's *Ulysses*; the night that Joyce is describing, which also ends with sunrise and coffee, takes place some five years later, in June 1905, and in another country, but here too the all-inclusiveness and relentlessness of the exploration of mind is the point at issue.)

The only outward event occurs shortly after the opening of the *Novelle*. As the young lieutenant is pushing ahead in the queue to get his coat, he finds himself bumping into a big man whom he at first does not recognize: 'Sie, halten Sie das Maul!' he replies when the man remonstrates. It is the sort of remark an officer may well address to an importuning civilian. But instead of the expected reaction—collapse of the civilian party —something quite different happens: the civilian, whom Gustl now recognizes as the baker from a nearby café, very quickly turns round and, grasping Gustl's sword, quietly berates him. Gustl is completely powerless, the man is so much stronger than he is, he can do nothing in the press of the crowd. And now the baker calls him by the one expression which in the modern army is equivalent to the thrown gauntlet of medieval times—he calls him 'Sie dummer Bub'. The word, repeated three times in the course of the story, is for Gustl the emblem of dishonour. Yet Gustl is no Coriolanus.[1] He cannot challenge the baker to a duel, partly because to do so would cause a scandal during which the humiliating circumstances in the cloakroom would be

[1] Cf. Aufidius's taunt in Act v, scene vi: 'Name not the gods, thou boy of tears...'.

revealed, partly because the baker's social status renders him 'satisfaktionsunfähig'. Gustl has only one way out, suicide; and in the course of his wakeful night that is the decision he comes to. We accompany him on his way to that decision, we hear him debate his motives, disclose his vanities; his sentimentality and memories, his poses and basenesses, his conquests and failures are all presented for our inspection. And without a single word of comment from the author, the internal conversation that is going on in Gustl builds up into a character which for calculated baseness has few equals in literature.

Gustl is a typical product of his military environment—that is, he is perfectly adjusted to it. In every one of his reactions and half-thoughts, urges, desires, fears, he conforms to and is protected by the military code, the social convention to which he conforms, and the convention itself is nothing more than a systematic manner of gratifying those desires and urges with the least possible bother, and of protecting him as best may be from his fears. The competitive life of a civilian profession is too strenuous for him. (This is why he rejects the idea of resigning his commission and going 'to America'.) Once he has committed himself to the military ethos his entire personality seems to fall into place. The clichés of his semi-educated mind, the way he judges people and situations, his very movements and manners, are all centred on the two concerns he has in the world: the one is sexual conquest, the other is his reputation, the figure he cuts in his regiment. Around these poles revolve his entire past experience and his future hopes. Other memories loom up in his mind—of childhood innocence, of the affection of his parents and sister, but they are instantly suppressed; and so is the wave of religious sentimentality that comes over him as he enters a church in which matins are being said.

Death itself *appears* to be subordinated in his mind to these two concerns. His suicide is dictated by his need to preserve his reputation, that is, by the convention that governs his life, and since life outside that convention is unthinkable, the horror that death holds for him seems not to be strong enough to deter him. (Thus Gustl's situation is similar to Fritz's.) Is Gustl's readiness to obey the dictates of the convention a sign of 'a probity which in more serious circumstances might become heroism'?[1] The critic's remark reveals the astonishing confusion to which the apologists of the military mind are prone—the confusion between conformism and courage. It is worth recording that it was the likes of Leutnant Gustl who, some fourteen years after his imaginary portrayal in Schnitzler's story, enthusiastically welcomed the most terrible war the world had ever known, that it was the likes of him who in June 1914 conducted in person the hangings of Serbian rebels *and* photographed them while they were dying.

But death *appears* also to be subordinated to the other dominant aspect of Gustl's mind, to his sexuality, for its very terror provides him with a titillation ('Na, wenn nicht einmal das biß'l Grausen wär', so wär' ja schon gar nichts dran...'), lest the sexual act itself ('das einzige reelle Vergnügen') should become insipid.

The ethos of half-heartedness

So far then it would seem that we are offered the portrait of a militarist automaton. But this is an Austrian, not a Prussian, story. The truth about Leutnant Gustl is not to be found in his allegiance to the 'Ehrencodex', nor indeed in any one set of moral qualities; the truth about him is composed of half-tones and compromises. His perfidiousness is not boundless, and he can be a loyal comrade as long as the going is good; he is self-pitying and sentimental, yet in his relation to his sister and to his family there is a streak of genuine affection; he is vain and

---

[1] See H. Cysarz's 'Das Imaginäre in der Dichtung A.S.s', *Wissenschaft und Weltbild*, XIII (Wien, 1960), pp. 109 ff.

self-consciously *fesch*, yet he has some genuine charm; and as he sits down on a bench in the Prater under the budding chestnut trees, the crust of sentimentality breaks and he is exposed to a moment of pure sadness.

It is in his attitude to the convention that the extent of his perfidy is revealed. At the end of his nocturnal walk he learns that the only witness of his dishonour has died—and in that moment, when all external sanction is removed, the 'Ehren-codex' loses all its authority. The naked will to live, which for a whole, anxious night had battled with the dictates of the convention, asserts itself in all its triumphant baseness, and he decides to live on as if nothing had happened:

> simply the thing I am shall make me live.[1]

What he *would have done* without that stroke of luck with which the story ends we cannot tell; his temporizing in the face of death makes it impossible for us to be sure whether, when he got to his room, he would have blown his brains out after all. What we do know is that, in spite of his earlier resolution to the contrary—

> Und wenn ihn heut nacht der Schlag trifft, so weiß ich's...ich weiß es...und ich bin nicht der Mensch der weiter den Rock trägt und den Säbel wenn ein solcher Schimpf auf ihm sitzt!—

he will soon forget the 'dishonour' for which he appeared to be ready to die. The military convention to which he pays lip-service and which, at the crucial moment, he betrays, is not, of course, part of the legal code; on the contrary, some of its aspects, and duelling especially, were, strictly speaking, against the law in both the Austrian and the German Empires. What it relies on is an appeal to the officer's conscience, whereas the only thing that Gustl is likely to heed is a tangible compulsion. In a similar situation Geert von Instetten, the hero of Theodor Fontane's *Effi Briest* (1895), in order to force himself to fight a

---

[1] Parolles in *All's Well that Ends Well*, IV. 3.

duel with his wife's lover, communicates the circumstances of her adultery to a third person, his colleague at the Berlin Foreign Office, knowing that once the affair has become known he cannot go back. In Schnitzler's story there is no third person ('Keiner hat sich um mich gekümmert...niemand hat was gehört...kein Mensch weiß was, kein Mensch weiß was!'), there is nothing to appeal to; when the night of anguish is over it is as though it had never been.

The language

Although the mind that is here illuminated is a coarse mind, its language is only rarely coarse, only occasionally suggestive, and never really foul. What Gustl's internal monologue amounts to is a heightening—entirely consonant with the requirements of realism—of the local patois.

Like most of Schnitzler's characters, Leutnant Gustl has, among Viennese critics and readers, the reputation of being an immensely charming figure. Why this peculiar evaluation? Because the Viennese have a habit of finding themselves and their patois charming, because in that patois genuine charm and corruption are so hard to separate, and because Schnitzler retraces the patois so perfectly in Gustl's monologue. The mixture of charm and corruptness is of course not merely a linguistic phenomenon. It would not be difficult to show how, especially in times of a national or personal emergency, it comes to dominate the conduct of the Viennese populus. A few observations on the language of *Leutnant Gustl* will show that he is a case in point.

Most striking of all, the attitude towards the external world which his language reveals is entirely subjective—it is in the nature of the man and hence of his language that he must forever be either desiring or else hitting out. In the one mood, the wording of his thoughts and impulses has an almost childish insinuation, as though through mere wishing he could soften the contours of the external world in the same way as he softens the contours of words. This is accomplished by various means, for instance by the characteristic use of 'mögen': 'ob ich sie erkennen möcht', he asks, meaning '... würde'; 'wenn ich erst nach Hause fahren möcht', meaning '...könnte'; and even 'wenn sie mir g'hören möcht', meaning '...wollte'. In the patois itself this tendency towards a disarming domestication of the external world goes so far that, in order to express that which 'mögen' expresses everywhere else, namely a distinct preference, the Viennese are reduced to saying 'was ich nämlich mögen möcht...'. Another example of this tendency is the frequent smoothing out of inflections, as in 'fallt ihr nicht ein', 'er fangt an', 'das halt man nicht aus', 'jetzt schlaft sie': all these are common to Southern German dialects generally, and their etymological origins are explicable in wholly 'neutral' historical terms. What is interesting from our point of view is the literary effect on readers to whom these forms are not second nature—and here again we are left with an impression of the softening of distinctions, of insinuation, of a certain kind of sloppiness. Nominal inflections (as well as verbs) are the victims of the same process: thus the phrase 'Was dem Fließ sein Verhältnis kostet!' (= what this love-affair is costing him!) is a splendidly illiterate conflation in which 'es kostet ihn' is overlaid with 'ihm sein', which is the Southern German substitute for the Saxon genitive (='Fließ's Verhältnis').

The most fascinating—and the most difficult—aspect of Viennese is its apparently indeterminable class structure.[1] Gustl calls a funeral 'die Leich'; in a rare moment of despondency he says 'ich werd mir selber auf die Letzt ekelhaft' (instead of 'zuletzt'); in a moment of frankness, when he feels free to drop his heroic airs, he addresses himself with

---

[1] This does not apply to the *spoken* language, in which variations in pronunciation and intonation indicate the social class of the speaker almost as clearly as they do in the various brands of English.

'Herr Leutnant, Sie sind jetzt allein, brauchen niemandem einen Pflanz vorzumachen'; he expresses his 'couldn't care less' attitude with the phrase 'was mir das schon aufliegt'— and in all these instances he resorts to a popular usage that has its currency among the working classes. (On the other hand, the phrase 'halber fünfen' is used by the waiter in the last scene, not by Gustl.) Yet in the fluid, indistinct medium of Viennese it is as convincing that he, a gentleman and officer in the Imperial Army, should fall back on all these 'volkstümlich' expressions as that, on other occasions, he should rise to rather more highbrow (more nearly middle-class) vulgarities, such as 'Blödisten', the false back-formation 'ist das je erhört worden' (from 'unerhört'), or the pseudo-literary 'das Frühstücken . . .ist doch kein leerer Wahn' (from Schiller's 'und die Treue, sie ist doch kein leerer Wahn')—all the way to 'da pfeif' ich auf den ganzen Antisemitismus', where jargon and ambivalence congeal into a phrase that, literally, says the opposite of what he actually means (the point is not that he 'doesn't care a damn for anti-Semitism' but that 'the whole anti-Semitic campaign isn't worth a damn, it just isn't effective enough'). When he calls his sexual conquests 'das einzige reelle Vergnügen' he uses a term that belongs to the middle-class commercial lingo, and so he does in his nostalgic reference to 'ein junges Mädel aus guter Familie mit Kaution' (=with a dowry); whereas 'irgendein Beisl' (=some dive), 'Fallot' (=scoundrel), and 'Veigetln' (='Veilchen') are once more derived from a working-class context.

As I suggested earlier, this fluid, inchoate language—a sign of his mood of insinuation, of his subjectiveness—is only one side of the story. The other is Gustl's aggressiveness. What he relies on here is the military ethos and its clichés. As soon as he can identify a blurred figure in the dark as 'ein Gemeiner in der Verpflegungsbranche' (=a private from the Service Corps) he is reassured and the threatening shadow recedes. Relations with other people become firm as soon as he is able to translate them into 'Armeedeutsch'[1] of which the vocabulary of the duel is an essential part: his instant reaction to a man who notices that the concert bores him is, 'Ich möcht Ihnen raten, ein etwas weniger freches Gesicht zu machen, sonst stell' ich Sie mir... !' (=otherwise I'll challenge you); his repeated offer 'jemanden zusammenzuhaun' is his one way of dealing with a difficult situation, 'er hätt ihn auf ein Haar abgestochen' (commonly used when slaughtering pigs) is the only danger he knows; and the notion of suicide first crosses Gustl's mind in the form of the cliché 'so müßt ich mich ja stante pede erschießen'.[2] Finally, the last notorious words of the story—'dich hau ich zu Krenfleisch' (=I'll make mince-meat of you)—indicate succinctly the sublime task for which Leutnant Gustl has been saved and to which, after this eventful night, he may now address himself.

The achievement

In this brief account of the language of *Leutnant Gustl* I have done no more than throw out a few scattered observations on that indefinable and fascinating amalgam known as 'Viennese'. The conclusion they should yield is that the use to which this medium most obviously lends itself is quotational—and quotation set within a context of implied judgements is the stuff of satire. Not that satire is the only literary use to which Viennese can be put; there are occasions when it has been used to lyrical effect. Some of Josef Weinheber's dialect poems, for instance, achieve a poignancy that is a direct measure of their 'volkstümlich' and unsophisticated diction; this is the sort of poetry that the Romantics in the wake of Herder discovered on their journeys through the German countryside and later imitated in their poems. And in *Liebelei* Schnitzler himself is able to draw on this non-satirical mode of the language; he

[1] See H. Politzer's 'Nachwort' to his ed. of *Leutnant Gustl* (Berlin, 1962), p. 45.
[2] See R. Plant, *A.S.* (Frankfurt/M, 1935), p. 92.

does it unobtrusively, with an economy that is determined by his tactful, almost intuitive realism. But the fact is that, in a literature as 'sentimentalisch' and language-conscious, the quotational, satirical use of the dialect is more readily available than any other.[1] And had Schnitzler wished to explain his undertaking, he might well have claimed, with Karl Kraus, that the Viennese satirist need do little more than quote:

> Die unwahrscheinlichsten Gespräche, die hier geführt werden, sind wörtlich gesprochen worden; die grellsten Erfindungen sind Zitate. Sätze, deren Wahnwitz dem Ohr eingeschrieben ist, wachsen zur Lebensmusik. Das Dokument ist Figur; Berichte erstehen als Gestalten, Gestalten verenden als Leitartikel; das Feuilleton bekam einen Mund, der es monologisch von sich gibt....[2]

And yet, although Schnitzler seems to do more than quote from his own memory of life in the Army, there is little to compare here with the radical moral pathos which informs Karl Kraus's proclamation. That the tenor of *Leutnant Gustl* is satirical seems obvious enough. But how is the satirical effect achieved? And how satirical is it?

Satire occurs where an experience is set within a context of hidden moral or aesthetic judgements, and it relies for its effect on a reader who will supply the moral or aesthetic norm against which the experience that is presented in all its living circumstances and detail will be measured. The enemies of satire—and there are many—will argue that it is an imperfect, parasitic genre precisely because, as often as not, the satirist leaves the norm unstated. Why should I think such-and-such an experience or character funny, or absurd, or horrifyingly corrupt (they will object) if the satirist hasn't told me what he considers serious, or meaningful, or honourable? The answer to this objection is not far to seek, for it is based on a mistaken

---

[1] Weinheber himself, who was no satirist and didn't always avoid the pitfalls of folksiness, complains of this, e.g. in a letter to Will Vesper, 31 Dec. 1938.

[2] Introduction to *Die letzten Tage der Menschheit* (1922).

assumption. No reader's mind is a *tabula rasa*, every reader always starts with *some* notion, however inarticulate, of what is right and what is wrong—and he cannot help carrying his notion into the text before him. This notion is with him in his daily experience, and he cannot wholly abandon it even on the threshold of literature. The world of literature offers him delight, but he must have a mind wherewith to apprehend it; it offers him counsel and illumination, but he must have a moral imagination to which to apply them. All this, as I say, is obvious enough. In making it explicit I wish merely to underline Schnitzler's achievement, the complex triumph of his art.

For when we conclude (as I think we must) that the impression *Leutnant Gustl* leaves with us is not that of pure satire, the reason for that conclusion does *not* lie in Schnitzler's narrative manner: a *monologue intérieur*, uncommented and bare, 'simply the thing itself', could easily yield an uncompromisingly satirical effect. But Schnitzler is, even here, interested in *showing* his world rather than in *exposing* it. Gustl emerges as a recognizable type, as the portrait of a man in whom a number of historically significant qualities are combined in so powerful and concentrated a fashion that he becomes representative of a whole mode of life. Indeed, the more firmly the man is anchored in the circumstances of his time and place,[1] the more clearly he speaks to us. Time and again modern writers have set out to portray the half-hearted, the unheroic and temporizing. Schnitzler is among the few who succeed in this task, precisely because the manner in which he proceeds is distinct and firmly circumscribed. He succeeds because he has narrowed down his point of view to a

---

[1] An example of Schnitzler's realism is his choice of the names of Gustl's comrades and acquaintances; among them they represent most of the nationalities of the Austro-Hungarian Empire: Kopetzky, Blany and Bokorny (= Pokorný) are Czech; Schlesinger and the Mannheimers are Jews; Ballert, Müller, etc., are Germans; Habetswallner is Viennese; Etelka is Hungarian; Doschintzky is a Pole; Mirović a Serb.

bare yet complex minimum. What he achieves is more than what he set out to do: between the first and the last sentences of the story, between 'How much longer is this going to go on?' and 'I'm exactly in the right mood...I'm going to make mince-meat of you', the temper not only of a young Austrian lieutenant but of Europe in 1914 is encompassed.[1]

Just as Viennese itself is both corrupt *and* occasionally charming, so the satire is modified by a few lyrical moments— the 'Lebensmusik' includes softer notes.[2] By confining his story to a single but complex point of view Schnitzler is able to force on us a cogent and powerful moral indictment. There is not a word of comment or censure in the story, not a word of moralizing. And what emerges is the portrait of a man who, when the story is told, we know is capable of anything: of half-heartedness and downright baseness, of betrayal and sentimentality, but also of a moment of poignant sadness.

'DIE LETZTEN MASKEN' (1900–1)

Schnitzler's writings are like a collection of transfers done from life. Sometimes he doesn't quite succeed in getting the whole picture on to the page, and the result is a fragmentary piece of reality. At other times he sets about his work more purposefully, he begins to pull away the film that protects the characters or the scene from complete disclosure, but some hesitation, some apprehension, makes him stop. Only a corner has been exposed, the rest of the picture remains in recognizable but slightly blurred outlines—the famous or notorius 'charm' of Schnitzler's characters is the charm of innuendo and intimation, less and less recognizable as the

[1] Cf. H. Politzer, 'Nachwort' to his ed. of *Leutnant Gustl*, p. 49.

[2] So do some of Karl Kraus's own satires, but never in the person satirized. Perhaps this is why, in his demolition of the 'physician-poet' in 'Schnitzler-Feier' (see *Die Fackel*, XIV, June 1912, nos. 351–3, pp. 77–88; reprinted in *Literatur und Lüge*, Wien, 1929, pp. 177–89), Kraus has not a word to say about the satirical aspects of Schnitzler's writings.

passage of time dries the page. In such cases we are left with the feeling that the author's truthfulness has raised an expectation that has not quite been satisfied. What is it, we ask, that makes him content to stop at that 'charm', that makes him shrink from a last clarity? Sometimes it seems to be the generosity of the unfanatical liberal who suspects that all clarity is achieved at the expense of charity, or of the liberal-minded sceptic who doubts whether any truth can ever be more than partial. At other times it seems to be something less positive. When he speaks of 'ein Anatol-Odeur, von dem ich nun begreife, daß er vielen so unerträglich war',[1] we can see that he is not taken in by his own creations. But in such moments of insight we sense his apprehension that the picture that is left beneath the film of 'charm', behind the innuendo, will be a picture of—nothing. And if this, or something like this, is what Schnitzler's deepest insight amounts to, we can hardly blame him if he does not often go all the way. The deeper charm of a Jamesian character—which is a charm of manner *and* of morality—Schnitzler has not portrayed.

Our last piece, *Die letzten Masken*, does indeed go all the way. The scene is one of those hospital wards Schnitzler knew so well when he was 'Sekundararzt' under his father's direction. The *Allgemeines Krankenhaus* where the action is set is Vienna's largest free hospital; and throughout the action the characters aren't allowed to forget that they are in a 'charitable institution'. (It was built in 1784, and remains to this day as grim and primitive a place as any workhouse.) Rademacher, the central character, is a down-and-out hack journalist in the last stages of consumption. As his life ebbs away he has but one wish left: to meet once more the famous writer who had been his schoolfellow and friend, and to throw in his face the hatred and contempt and envy accumulated in a lifetime of humiliation, compromises and failures. What will he say to him? Florian, a broken-down actor and also *moriturus*, the

[1] Diaries, 9 Nov. 1908.

journalist's fellow-patient, provides a ready audience for a rehearsal of the great scene that is to be Rademacher's final compensation and revenge.

The Great Man of Letters arrives: unsuspecting, beaming with benevolence, ready to unburden his worries and to protest the hollowness of his success and literary fame, yet in the next moment full of hopes of new triumphs. And Rademacher? What of the grand tirade he has prepared, his devastating disclosure, his revenge? Not a word of it passes his lips; to his friend's offer of help and money he replies, 'Laß, laß. Ich brauche nichts — nichts. . . . Ich hab' dich nur noch einmal sehen wollen, mein alter Freund, — das ist alles.'

What is it that stops him? Is it a last glimmer of decency or charity? the memory of their friendship? Is it the shame of the sick man before the tribunal of life and health, of the pauper before the rich, of failure before success? It is none of these, for none of the conventions that are observed among the living has any meaning to him: 'Regeln für Sterbende', says the doctor, 'das hat doch keinen rechten Sinn.'

What silences Rademacher is the annihilating truth of his own imminent death. In the face of that total extinction, which is the only truth he knows, all is vanity and nonsense. Success and failure, friendship and enmity, envy and generosity all fall away, meaningful discourse itself ends:

> Was hab' ich mit ihm zu schaffen? [Rademacher says to the actor Florian when the Great Man has left] Was geht mich sein Glück, was gehn mich seine Sorgen an? Was haben wir zwei mit einander zu reden gehabt? He! Was?. . . Was hat unsereiner mit Leuten zu schaffen, die morgen noch auf der Welt sein werden?

During these last words Rademacher 'takes Florian by the hand': a sign, this, of the solidarity of the dying? No, it is the final grasp of panic. Florian flees in terror: out of Rademacher's reach, he is waiting for him to die.

Now at last the picture is completed. Masks, the stage, the

set parts and the whole enchanted world of theatrical make-believe have provided the imagery of many of Schnitzler's plays and stories. And when the last masks are dropped there appears behind them a dark, obscure void—nothing.

BIBLIOGRAPHICAL NOTE

Schnitzler's work includes some 32 plays and one-acters, 56 stories (both short sketches and *Novellen*) and two novels. During his lifetime two collected editions of his writings appeared in the Fischer Verlag, Berlin, in 1912 and 1928. A four-volume ed. by the same publishers in Frankfurt/M, 1961–2, is now available. The bulk of his *Nachlaß* remains in manuscript, partly in the Cambridge University Library (from which some of my quotations are taken), partly in the care of his son Heinrich. Several volumes of A.S.'s letters have recently been published, among them his correspondence with the critic Otto Brahm (Berlin, 1953 and 1958), with the Danish philosopher Georg Brandes (Berkeley–Berne, 1956), with Rilke (Freiburg, 1958) and with Hugo von Hofmannsthal (Frankfurt/M, 1964). No full biography exists; my facts are drawn from R. Specht's *A.S., der Dichter und sein Werk* (Berlin, 1925); a chronology appended to H. Foltinek's edition, *Große Szene* (Wien, 1959); a biographical sketch by M. Fontana in *Österreichische Biographie*; from Olga Schnitzler's *Spiegelbild der Freundschaft* (Salzburg, 1961), and from information supplied by A.S.'s son. *Der Kampf um den Reigen*, ed. W. Heine (Berlin, 1922), contains a verbatim report of the entire court proceedings in which A.S.'s play was successfully defended against the charge of obscenity. The critical literature on A.S. is neither extensive nor very distinguished. Theodor Reik (*A.S. als Psycholog*, Minden, 1913) writes the kind of 'analysis' one might expect from a disciple and close collaborator of Freud's; Josef Körner's *A.S.: Gestalten und Probleme* (Wien, 1921) is the first comprehensive survey of the œuvre up to the end of the First World War; R. Plant's *A.S.* (Frankfurt/M, 1935) contains a searching comparison of *Leutnant Gustl* and *Fräulein Else*; the most interesting of the pre-war studies is B. Blume's *Das nihilistische Weltbild A.S.s* (Stuttgart, 1936); Blume does scant justice to Schnitzler's narrative and dramatic talents, but his observations on the decadence and 'nihilism' of the Schnitzler world have never been seriously refuted— certainly not by any of the contributions in a recent symposium, *Studies in A.S.*, ed. H. W. Reichert and H. Salinger (Chapel Hill, 1963), which contains a useful survey of the historical scene by R. A. Kann; G. Rath, *A.S.: der Arzt als Dichter*, CIBA Symposium (Bâle, 1958), describes A.S.'s medical and psychiatric interests; H. Zohn writes with discrimination on 'The Jewish world of A.S.' (in the *Jewish Quarterly*, x, 1, Brandeis, 1963); a survey of the 'Jewish problem' within its historical setting is Hans Kohn's *Karl Kraus, Arthur Schnitzler, Otto Weininger: aus dem jüdischen Wien der Jahrhundertwende* (Tübingen, 1962); C. E. Schorske's 'Politics and the psyche in *fin de siècle* Vienna: S. and Hofmannsthal' (*American Historical Review*, LXVI (1960), 930–46) contains a fine account of the social and political malaise of Viennese artists and intellectuals in the last years of the Empire; and H. Politzer's 'Nachwort' to his ed. of *Leutnant Gustl* (Berlin, 1962) emphasizes the symbolical and scientific ('experimental') aspects of A.S.'s narrative manner; Richard Alewyn's brilliant 'Nachwort' to his ed. of *Liebelei* and *Reigen* (Fischer Bücherei, Frankfurt/M, 1960) is the finest critical appraisal that has come my way.

LIEBELEI

Schauspiel in drei Akten

PERSONEN

HANS WEIRING, *Violinspieler am Josefstädter Theater*

CHRISTINE, *seine Tochter*

MIZI SCHLAGER, *Modistin*

KATHARINA BINDER, *Frau eines Strumpfwirkers*

LINA, *ihre neunjährige Tochter*

FRITZ LOBHEIMER,
THEODOR KAISER, } *junge Leute*

EIN HERR

Wien — Gegenwart

ERSTER AKT

Zimmer Fritzens. Elegant und behaglich. Fritz, Theodor.
Theodor tritt zuerst ein, er hat den Überzieher auf dem Arm,
nimmt den Hut erst nach dem Eintritt ab, hat auch den Stock noch
in der Hand.

FRITZ *(spricht draußen)* Also es war niemand da?

STIMME DES DIENERS Nein, gnädiger Herr.*

FRITZ *(im Hereintreten)* Den Wagen könnten wir eigentlich
wegschicken?

THEODOR Natürlich. Ich dachte, du hättest es schon getan.

FRITZ *(wieder hinausgehend, in der Tür)* Schicken Sie den
Wagen fort. Ja...Sie können übrigens jetzt auch weg-
gehen, ich brauche Sie heute nicht mehr. *(Er kommt herein.*
Zu Theodor) Was legst du denn nicht ab?

THEODOR *(ist neben dem Schreibtisch)* Da sind ein paar Briefe.
(Er wirft Überzieher und Hut auf einen Sessel, behält den
Spazierstock in der Hand.)

FRITZ *(geht hastig zum Schreibtisch)* Ah!...

THEODOR Na, na!...Du erschrickst ja förmlich.

FRITZ Von Papa...*(erbricht den anderen)* von Lensky...

THEODOR Laß dich nicht stören. *(Fritz durchfliegt die Briefe)*
Was schreibt denn der Papa?

FRITZ Nichts Besonderes...Zu Pfingsten soll ich auf acht Tage
aufs Gut.

THEODOR Wäre sehr vernünftig. Ich möchte dich auf ein
halbes Jahr hinschicken. *(Fritz, der vor dem Schreibtisch steht,*
wendet sich nach ihm um) Gewiß! — Reiten, kutschieren,
frische Luft, Sennerinnen* —

FRITZ Du, Sennhütten* gibt's auf Kukuruzfeldern* keine!

THEODOR Na ja also, du weißt schon, was ich meine...

FRITZ Willst du mit mir hinkommen?

THEODOR Kann ja nicht!

FRITZ Warum denn?

THEODOR Mensch, ich hab' ja Rigorosum★ zu machen! Wenn ich mit dir hinginge, wär' es nur,★ um dich dort zu halten.

FRITZ Geh, mach' dir um mich keine Sorgen!

THEODOR Du brauchst nämlich — das ist meine Überzeugung — nichts anderes als frische Luft! — Ich hab's heut gesehen. Da draußen, wo der echte grüne Frühling ist, bist du wieder ein sehr lieber und angenehmer Mensch gewesen.

FRITZ Danke.

THEODOR Und jetzt — jetzt knickst du natürlich zusammen.★ Wir sind dem gefährlichen Dunstkreis★ wieder zu nah. (*Fritz macht eine ärgerliche Bewegung*) Du weißt nämlich gar nicht, wie fidel★ du da draußen gewesen bist — du warst geradezu bei Verstand★ — es war wie in den guten alten Tagen… — Auch neulich, wie wir mit den zwei herzigen Mäderln zusammen waren, bist du ja sehr nett gewesen, aber jetzt — ist es natürlich wieder aus, und du findest es dringend notwendig (*mit ironischem Pathos*) — an jenes Weib★ zu denken. (*Fritz steht auf, ärgerlich*) Du kennst mich nicht, mein Lieber. Ich habe nicht die Absicht, das länger zu dulden.

FRITZ Herrgott, bist du energisch!…

THEODOR Ich verlang' ja nicht von dir, daß du (*wie oben*) *jenes* Weib vergißt…ich möchte nur (*herzlich*), mein lieber Fritz, daß dir diese unglückselige Geschichte, in der man ja immer für dich zittern muß, nicht mehr bedeutet als ein gewöhnliches Abenteuer…Schau Fritz, wenn du eines Tages 'jenes Weib' nicht mehr anbetest, da wirst du dich wundern, wie sympathisch sie dir sein wird. Da wirst du erst drauf kommen, daß sie gar nichts Dämonisches an sich hat, sondern daß sie ein sehr liebes Frauerl ist, mit dem man sich sehr gut amüsieren kann, wie mit allen Weibern, die jung und hübsch sind und ein bißchen Temperament haben.

FRITZ Warum sagst du 'für mich zittern'?

THEODOR Du weißt es...Ich kann dir nicht verhehlen, daß ich eine ewige Angst habe, du gehst eines schönen Tages mit ihr auf und davon.★

FRITZ Das meintest du?...

THEODOR (*nach einer kurzen Pause*) Es ist nicht die einzige Gefahr.

FRITZ Du hast recht, Theodor, — es gibt auch andere.

THEODOR Man macht eben keine Dummheiten.★

FRITZ (*vor sich hin*) Es gibt andere...

THEODOR Was hast du?...Du denkst an was ganz Bestimmtes.

FRITZ Ach nein, ich denke nicht an Bestimmtes...(*Mit einem Blick zum Fenster*) Sie hat sich ja schon einmal getäuscht.

THEODOR Wieso?...was?...ich versteh' dich nicht.

FRITZ Ach nichts.

THEODOR Was ist das? So red' doch vernünftig.

FRITZ Sie ängstigt sich in der letzten Zeit...zuweilen.

THEODOR Warum? — Das muß doch einen Grund haben.

FRITZ Durchaus nicht. Nervosität — (*ironisch*) schlechtes Gewissen, wenn du willst.

THEODOR Du sagst, sie hat sich schon einmal getäuscht —

FRITZ Nun ja — und heute wohl wieder.

THEODOR Heute — Ja, was heißt denn das alles —?

FRITZ (*nach einer kleinen Pause*) Sie glaubt,...man paßt uns auf.★

THEODOR Wie?

FRITZ Sie hat Schreckbilder, wahrhaftig, förmliche Halluzinationen.★ (*Beim Fenster*) Sie sieht hier durch den Ritz des Vorhanges irgend einen Menschen, der dort an der Straßenecke steht, und glaubt — (*unterbricht sich*) Ist es überhaupt möglich, ein Gesicht auf diese Entfernung hin zu erkennen?

THEODOR Kaum.

FRITZ Das sag' ich ja auch. Aber das ist dann schrecklich. Da traut sie sich nicht fort, da bekommt sie alle möglichen

Zustände, da hat sie Weinkrämpfe, da möchte sie mit mir
sterben —

THEODOR Natürlich.

FRITZ (*kleine Pause*) Heute mußte ich hinunter, nachsehen. So
gemütlich, als wenn ich eben allein von Hause wegginge;
— es war natürlich weit und breit kein bekanntes Gesicht
zu sehen... (*Theodor schweigt*) Das ist doch vollkommen
beruhigend, nicht wahr? Man versinkt ja nicht plötzlich in
die Erde, was?...So antwort' mir doch!

THEODOR Was willst du denn darauf für eine Antwort?
Natürlich versinkt man nicht in die Erde. Aber in Haustore
versteckt man sich zuweilen.

FRITZ Ich hab' in jedes hineingesehen.

THEODOR Da mußt du einen sehr harmlosen Eindruck
gemacht haben.

FRITZ Niemand war da. Ich sag's ja, Halluzinationen.

THEODOR Gewiß. Aber es sollte dich lehren vorsichtiger sein.

FRITZ Ich hätt' es ja auch merken müssen, wenn *er* einen Ver-
dacht hätte. Gestern habe ich ja nach dem Theater mit
ihnen soupiert* — mit ihm und ihr — und es war so
gemütlich, sag' ich dir!...lächerlich!

THEODOR Ich bitt' dich, Fritz — tu mir den Gefallen, sei vernünftig. Gib diese ganze verdammte Geschichte auf —
schon *meinet*wegen. Ich hab' ja auch Nerven...Ich weiß
ja, du bist nicht der Mensch, dich aus einem Abenteuer ins
Freie zu retten, drum hab' ich dir's ja so bequem gemacht
und dir Gelegenheit gegeben, dich in ein anderes *hinein*-
zuretten...*

FRITZ Du?...

THEODOR Nun, hab' ich dich nicht vor ein paar Wochen zu
meinem Rendezvous mit Fräulein Mizi mitgenommen?
Und hab' ich nicht Fräulein Mizi gebeten, ihre schönste
Freundin mitzubringen? Und kannst du es leugnen, daß
dir die Kleine sehr gut gefällt?...

FRITZ Gewiß ist die lieb!...So lieb! Und du hast ja gar

keine Ahnung, wie ich mich nach so einer Zärtlichkeit ohne Pathos gesehnt habe, nach so was Süßem, Stillem, das mich umschmeichelt, an dem ich mich von den ewigen Aufregungen und Martern erholen kann.

THEODOR Das ist es, ganz richtig! Erholen! Das ist der tiefere Sinn. Zum Erholen sind sie da. Drum bin ich auch immer gegen die sogenannten interessanten Weiber. Die Weiber haben nicht interessant zu sein, sondern angenehm. Du mußt dein Glück suchen, wo ich es bisher gesucht und gefunden habe, dort, wo es keine großen Szenen, keine Gefahren, keine tragischen Verwicklungen gibt, wo der Beginn keine besonderen Schwierigkeiten und das Ende keine Qualen hat, wo man lächelnd den ersten Kuß empfängt und mit sehr sanfter Rührung scheidet.

FRITZ Ja, das ist es.

THEODOR Die Weiber sind ja so glücklich in ihrer gesunden Menschlichkeit — was zwingt uns denn, sie um jeden Preis zu Dämonen oder zu Engeln zu machen?

FRITZ Sie ist wirklich ein Schatz. So anhänglich, so lieb. Manchmal scheint mir fast, zu lieb für mich.

THEODOR Du bist unverbesserlich, scheint es. Wenn du die Absicht hast, auch *die* Sache wieder ernst zu nehmen —

FRITZ Aber ich *denke* nicht daran. Wir sind ja einig: Erholung.

THEODOR Ich würde auch meine Hände von dir abziehen. Ich hab' deine Liebestragödien satt. Du langweilst mich damit. Und wenn du Lust hast, mir mit dem berühmten Gewissen zu kommen,* so will ich dir mein einfaches Prinzip für solche Fälle verraten: Besser *ich* als ein anderer. Denn der Andere ist unausbleiblich wie das Schicksal.

Es klingelt.

FRITZ Was ist denn das?...

THEODOR Sieh nur nach. — Du bist ja schon wieder blaß. Also beruhige dich sofort. Es sind die zwei süßen Mäderln.

FRITZ (*angenehm überrascht*) Was?...

THEODOR Ich habe mir die Freiheit genommen,★ sie für heute zu dir einzuladen.

FRITZ (*im Hinausgehen*) Geh — warum hast du mir's denn nicht gesagt! Jetzt hab' ich den Diener weggeschickt.

THEODOR Um so gemütlicher.

FRITZENS STIMME (*draußen*) Grüß' Sie Gott,★ Mizi! —

Theodor, Fritz, Mizi tritt ein, sie trägt ein Paket in der Hand.

FRITZ Und wo ist denn die Christin'?★ —

MIZI Kommt bald nach. Grüß' dich Gott, Dori.★

Theodor küßt ihr die Hand.

MIZI Sie müssen schon entschuldigen, Herr Fritz; aber der Theodor hat uns einmal eingeladen★ —

FRITZ Aber das ist ja eine famose Idee★ gewesen. Nur hat er eines vergessen, der Theodor —

THEODOR Nichts hat er vergessen, der Theodor! (*Nimmt der Mizi das Paket aus der Hand*) Hast du alles mitgebracht, was ich dir aufgeschrieben hab'? —

MIZI Freilich! (*Zu Fritz*) Wo darf ich's denn hinlegen?

FRITZ Geben Sie mir's nur, Mizi, wir legen's indessen da auf die Kredenz.★

MIZI Ich hab' noch extra was gekauft,★ was du nicht aufgeschrieben hast, Dori.

FRITZ Geben Sie mir Ihren Hut, Mizi, so — (*legt ihn aufs Klavier, ebenso ihre Boa*).

THEODOR (*mißtrauisch*) Was denn?

MIZI Eine Mokkacremetorte.

THEODOR Naschkatz'!★

FRITZ Ja, aber sagen Sie, warum ist denn die Christin' nicht gleich mitgekommen? —

MIZI Die Christin' begleitet ihren Vater zum Theater hin.★ Sie fährt dann mit der Tramway her.

THEODOR Das ist eine zärtliche Tochter...

MIZI Na, und gar in der letzten Zeit, seit der Trauer.

THEODOR Wer ist ihnen denn eigentlich gestorben?★

MIZI Die Schwester vom* alten Herrn.

THEODOR Ah, die Frau Tant'!

MIZI Nein, das war eine alte *Fräul'n,** die schon immer bei ihnen gewohnt hat — Na, und da fühlt er sich halt so vereinsamt.*

THEODOR Nicht wahr, der Vater von der Christin', das ist so ein kleiner Herr mit kurzem grauen Haar —

MIZI (*schüttelt den Kopf*) Nein, er hat ja lange Haar'.

FRITZ Woher kennst du ihn denn?

THEODOR Neulich war ich mit dem Lensky in der Josefstadt,* und da hab' ich mir die Leut' mit den Baßgeigen angeschaut.

MIZI Er spielt ja nicht Baßgeigen, Violin' spielt er.

THEODOR Ach so, ich hab' gemeint, er spielt Baßgeige. (*Zu Mizi, die lacht*) Das ist ja nicht komisch; das kann ich ja nicht wissen, du Kind.

MIZI Schön haben Sie's, Herr Fritz — wunderschön! Wohin haben Sie denn die Aussicht?

FRITZ Das Fenster da geht in die Strohgasse und im Zimmer daneben —

THEODOR (*rasch*) Sagt mir nur, warum seid ihr denn so gespreizt miteinander?* Ihr könntet euch wirklich du sagen.

MIZI Beim Nachtmahl trinken wir Bruderschaft.

THEODOR Solide Grundsätze! Immerhin beruhigend.* — — Wie geht's denn der Frau Mutter?

MIZI (*wendet sich zu ihm, plötzlich mit besorgter Miene*) Denk' dir, sie hat —

THEODOR Zahnweh — ich weiß, ich weiß. Deine Mutter hat immer Zahnweh. Sie soll endlich einmal zu einem Zahnarzt gehen.

MIZI Aber der Doktor sagt, es ist nur rheumatisch.

THEODOR (*lachend*) Ja, wenn's rheumatisch ist —

MIZI (*ein Album in der Hand*) Lauter so schöne Sachen haben Sie da!...(*Im Blättern*) Wer ist denn das?...Das sind ja Sie, Herr Fritz...In Uniform!? Sie sind beim Militär?

FRITZ Ja.

MIZI Dragoner! — Sind Sie bei den gelben oder bei den schwarzen?*

FRITZ (*lächelnd*) Bei den gelben.

MIZI (*wie in Träume versunken*) Bei den gelben.

THEODOR Da wird sie ganz träumerisch! Mizi, wach' auf!

MIZI Aber jetzt sind Sie Leutnant der Reserve?*

FRITZ Allerdings.

MIZI Sehr gut müssen Sie ausschaun mit dem Pelz.

THEODOR Umfassend ist dieses Wissen!* — Du, Mizi, ich bin nämlich auch beim Militär.

MIZI Bist du auch bei den Dragonern?

THEODOR Ja. —

MIZI Ja, warum sagt Ihr einem denn das nicht...

THEODOR Ich will um meiner selbst willen geliebt werden.

MIZI Geh, Dori, da mußt du dir nächstens, wenn wir zusammen wohingehen, die Uniform anziehn.

THEODOR Im August hab' ich sowieso Waffenübung.

MIZI Gott, bis zum August —

THEODOR Ja, richtig — so lange währt die ewige Liebe nicht.

MIZI Wer wird denn im Mai an den August denken. Ist's nicht wahr, Herr Fritz? — Sie, Herr Fritz, warum sind denn Sie uns gestern durchgegangen?*

FRITZ Wieso...

MIZI Na ja — nach dem Theater.

FRITZ Hat mich denn der Theodor nicht bei euch entschuldigt?

THEODOR Freilich hab' ich dich entschuldigt.

MIZI Was hab' denn ich — oder vielmehr die Christin' von Ihrer Entschuldigung!* Wenn man was verspricht, so halt man's.*

FRITZ Ich wär' wahrhaftig lieber mit euch gewesen...

MIZI Is' wahr?...

FRITZ Aber ich konnt' nicht. Sie haben ja gesehen, ich war mit Bekannten in der Loge, und da hab' ich mich nachher nicht losmachen können.

MIZI Ja, von den schönen Damen haben Sie sich nicht losmachen können. Glauben Sie, wir haben Sie nicht gesehen von der Gallerie aus?

FRITZ Ich hab' euch ja auch gesehn...

MIZI Sie sind rückwärts in der Loge gesessen. —

FRITZ Nicht immer.

MIZI Aber meistens. Hinter einer Dame mit einem schwarzen Samtkleid sind Sie gesessen und haben immer (*parodierende Bewegung*) so hervorgeguckt.

FRITZ Sie haben mich aber genau beobachtet.

MIZI Mich geht's ja nichts an! Aber wenn ich die Christin' wär'...Warum hat denn der Theodor nach dem Theater Zeit? Warum muß der nicht mit Bekannten soupieren gehen?

THEODOR (*stolz*) Warum muß ich nicht mit Bekannten soupieren gehn?...

Es klingelt.

MIZI Das ist die Christin'.

Fritz eilt hinaus.

THEODOR Mizi, du könntest mir einen Gefallen tun. (*Mizi fragende Miene*) Vergiß — auf einige Zeit wenigstens — deine militärischen Erinnerungen.

MIZI Ich hab' ja gar keine.

THEODOR Na du, aus dem Schematismus★ hast du die Sachen nicht gelernt, das merkt man.

Theodor, Mizi, Fritz, Christine mit Blumen in der Hand.

CHRISTINE (*grüßt mit ganz leichter Befangenheit*) Guten Abend. (*Begrüßung. Zu Fritz*) Freut's dich, daß wir gekommen sind? — Bist nicht bös'?

FRITZ Aber Kind! — Manchmal ist ja der Theodor gescheiter als ich. —

THEODOR Na, geigt er schon, der Herr Papa?

CHRISTINE Freilich; ich hab' ihn zum Theater hinbegleitet.

FRITZ Die Mizi hat's uns erzählt. —

CHRISTINE (*zu Mizi*) Und die Kathrin' hat mich noch aufgehalten.

MIZI O jeh, die falsche Person.

CHRISTINE Oh, die ist gewiß nicht falsch, die ist sehr gut zu mir.

MIZI Du glaubst auch einer jeden.

CHRISTINE Warum soll denn die gegen mich falsch sein?

FRITZ Wer ist denn die Kathrin'?

MIZI Die Frau von einem Strumpfwirker★ und ärgert sich alleweil, wenn wer jünger ist wie sie.★

CHRISTINE Sie ist ja selbst noch eine junge Person.

FRITZ Lassen wir die Kathrin'. — Was hast du denn da?

CHRISTINE Ein paar Blumen hab' ich dir mitgebracht.

FRITZ (*nimmt sie ihr ab und küßt ihr die Hand*) Du bist ein Engerl. Wart', die wollen wir da in die Vase...

THEODOR Oh nein! Du hast gar kein Talent zum Festarrangeur. Die Blumen werden zwanglos auf den Tisch gestreut...Nachher übrigens, wenn aufgedeckt ist. Eigentlich sollte man das so arrangieren, daß sie von der Decke herunterfallen. Das wird aber wieder nicht gehen.

FRITZ (*lachend*) Kaum.

THEODOR Unterdessen wollen wir sie doch da hineinstecken. (*Gibt sie in die Vase*)

MIZI Kinder, dunkel wird's!★

FRITZ (*hat der Christine geholfen, die Überjacke auszuziehen, sie hat auch ihren Hut abgelegt, er gibt die Dinge auf einen Stuhl im Hintergrund*) Gleich wollen wir die Lampe anzünden.

THEODOR Lampe! Keine Idee! *Lichter* werden wir anzünden. Das macht sich viel hübscher.★ Komm, Mizi, kannst mir helfen. (*Er und Mizi zünden die Lichter an; die Kerzen in den zwei Armleuchtern auf dem Trumeau,★ eine Kerze auf dem Schreibtisch, dann zwei Kerzen auf der Kredenz*)

Unterdessen sprechen Fritz und Christine miteinander.

FRITZ Wie geht's dir denn, mein Schatz?

CHRISTINE Jetzt geht's mir gut. —

FRITZ Na, und sonst?

CHRISTINE Ich hab' mich so nach dir gesehnt.

FRITZ Wir haben uns ja gestern erst gesehen.

CHRISTINE Gesehn...von weitem...(*schüchtern*) Du, das war nicht schön, daß du...

FRITZ Ja, ich weiß schon; die Mizi hat's mir schon gesagt. Aber du bist ein Kind wie gewöhnlich. Ich hab' nicht los können.* So was mußt du ja begreifen.

CHRISTINE Ja...du, Fritz...wer waren denn die Leute in der Loge?

FRITZ Bekannte — das ist doch ganz gleichgültig, wie sie heißen.

CHRISTINE Wer war denn die Dame im schwarzen Samtkleid?

FRITZ Kind, ich hab' gar kein Gedächtnis für Toiletten.

CHRISTINE (*schmeichelnd*) Na!

FRITZ Das heißt,...ich hab' dafür auch schon ein Gedächtnis — in gewissen Fällen. Zum Beispiel an die dunkelgraue Bluse erinner' ich mich sehr gut, die du angehabt hast, wie wir uns das erste Mal gesehen haben. Und die weiß-schwarze Taille, gestern...im Theater —

CHRISTINE Die hab' ich ja heut auch an!

FRITZ Richtig...von weitem sieht die nämlich ganz anders aus — im Ernst! Oh, und das Medaillon, das kenn' ich auch!

CHRISTINE (*lächelnd*) Wann hab' ich's umgehabt?*

FRITZ Vor — na, damals, wie wir in dem Garten bei der Linie spazieren gegangen sind, wo die vielen Kinder gespielt haben...nicht wahr...?

CHRISTINE Ja...Du denkst doch manchmal an mich.

FRITZ Ziemlich häufig, mein Kind...

CHRISTINE Nicht so oft, wie ich an dich. Ich denke immer an dich...den ganzen Tag...und froh kann ich doch nur sein, wenn ich dich seh'!

FRITZ Sehn wir uns denn nicht oft genug? —

CHRISTINE Oft...

FRITZ Freilich. Im Sommer werden wir uns weniger sehn...
Denk' dir, wenn ich zum Beispiel einmal auf ein paar
Wochen verreiste, was möchtest du da sagen?

CHRISTINE (*ängstlich*) Wie? Du willst verreisen?

FRITZ Nein...Immerhin wär' es aber möglich, daß ich
einmal die Laune hätte, acht Tage ganz allein zu
sein...

CHRISTINE Ja, warum denn?

FRITZ Ich spreche ja nur von der Möglichkeit. Ich kenne
mich, ich hab' solche Launen. Und du könntest ja auch
einmal Lust haben, mich ein paar Tage nicht zu sehn...das
werd' ich immer verstehn.

CHRISTINE Die Laune werd' ich nie haben, Fritz.

FRITZ Das kann man nie wissen.

CHRISTINE Ich weiß es...ich hab' dich lieb.

FRITZ Ich hab' dich ja auch sehr lieb.

CHRISTINE Du bist aber mein Alles, Fritz, für dich könnt' ich
...(*sie unterbricht sich*) Nein, ich kann mir nicht denken,
daß je eine Stunde käm', wo ich dich nicht sehen wollte. So-
lang ich leb', Fritz — —

FRITZ (*unterbricht*) Kind, ich bitt' dich...so was sag' lieber
nicht...die großen Worte, die hab' ich nicht gern. Von der
Ewigkeit reden wir nicht...

CHRISTINE (*traurig lächelnd*) Hab' keine Angst, Fritz...ich
weiß ja, daß es nicht für immer ist...

FRITZ Du verstehst mich falsch, Kind. Es ist ja möglich
(*lachend*), daß wir einmal überhaupt nicht ohne einander
leben können, aber wissen können wir's ja nicht, nicht
wahr? Wir sind ja nur Menschen.

THEODOR (*auf die Lichter weisend*) Bitte sich das gefälligst
anzusehen*...Sieht das nicht anders aus, als wenn da eine
dumme Lampe stünde?

FRITZ Du bist wirklich der geborene Festarrangeur.

THEODOR Kinder, wie wär's übrigens, wenn wir an das Souper dächten?...

MIZI Ja!...Komm Christin'!...

FRITZ Wartet, ich will euch zeigen, wo ihr alles Notwendige findet.

MIZI Vor allem brauchen wir ein Tischtuch.

THEODOR (*mit englischem Akzent, wie ihn die Clowns zu haben pflegen*) 'Eine Tischentuch.'

FRITZ Was?...

THEODOR Erinnerst dich nicht an den Clown im Orpheum?* 'Das ist eine Tischentuch'...'Das ist eine Blech.' 'Das ist eine kleine piccolo.'

MIZI Du, Dori, wann gehst denn mit mir ins Orpheum? Neulich hast du mir's ja versprochen. Da kommt die Christin' aber auch mit, und der Herr Fritz auch. (*Sie nimmt eben Fritz das Tischtuch aus der Hand, das dieser aus der Kredenz genommen*) Da sind aber dann *wir* die Bekannten in der Loge...

FRITZ Ja, ja...

MIZI Da kann dann die Dame mit dem schwarzen Samtkleid allein nach Haus gehn.

FRITZ Was ihr immer mit der Dame in Schwarz habt, das ist wirklich zu dumm.

MIZI Oh, *wir* haben nichts mit ihr...So...Und das Eßzeug?...(*Fritz zeigt ihr alles in der geöffneten Kredenz*) Ja...Und die Teller?...Ja, danke...So, jetzt machen wir's schon allein...Gehn Sie, gehn Sie, jetzt stören Sie uns nur.

THEODOR (*hat sich unterdessen auf den Diwan der Länge nach hingelegt; wie Fritz zu ihm nach vorne kommt*) Du entschuldigst...(*Mizi und Christine decken auf*)

MIZI Hast du schon das Bild von Fritz in der Uniform gesehn?

CHRISTINE Nein.

MIZI Das mußt du dir anschaun. Fesch!...(*Sie reden weiter*)

THEODOR (*auf dem Diwan*) Siehst du, Fritz, solche Abende sind meine Schwärmerei.

FRITZ Sind auch nett.

THEODOR Da fühl' ich mich behaglich...Du nicht?...

FRITZ Oh, ich wollte, es wär' mir immer so wohl.

MIZI Sagen Sie, Herr Fritz, ist Kaffee in der Maschin' drin?

FRITZ Ja...Ihr könnt auch gleich den Spiritus anzünden — auf der Maschin' dauert's sowieso eine Stund', bis der Kaffee fertig ist...

THEODOR (*zu Fritz*) Für so ein süßes Mäderl geb' ich zehn dämonische Weiber her.

FRITZ Das kann man nicht vergleichen.

THEODOR Wir hassen nämlich die Frauen, die wir lieben — und lieben nur die Frauen, die uns gleichgültig sind.★

Fritz lacht.

MIZI Was ist denn? Wir möchten auch was hören!

THEODOR Nichts für euch, Kinder. Wir philosophieren. (*Zu Fritz*) Wenn wir heut mit denen das letzte Mal zusammen wären, wir wären doch nicht weniger fidel, was?

FRITZ Das letzte Mal...Na, darin liegt jedenfalls etwas Melancholisches. Ein Abschied schmerzt immer, auch wenn man sich schon lange darauf freut!

CHRISTINE Du, Fritz, wo ist denn das kleine Eßzeug?★

FRITZ (*geht nach hinten, zur Kredenz*) Da ist es, mein Schatz.

Mizi ist nach vorn gekommen, fährt dem Theodor, der auf dem Diwan liegt, durch die Haare.

THEODOR Du Katz', du!

FRITZ (*öffnet das Paket, das Mizi gebracht*) Großartig...

CHRISTINE (*zu Fritz*) Wie du alles hübsch in Ordnung hast!

FRITZ Ja...(*Ordnet die Sachen, die Mizi mitgebracht, — Sardinenbüchse, kaltes Fleisch, Butter, Käse*)

CHRISTINE Fritz...willst du mir's nicht sagen?

FRITZ Was denn?

CHRISTINE (*sehr schüchtern*) Wer die Dame war?

FRITZ Nein; ärger' mich nicht. (*Milder*) Schau', das haben
wir ja so ausdrücklich miteinander ausgemacht:* Gefragt
wird nichts. Das ist ja gerade das Schöne. Wenn ich mit dir
zusammen bin, versinkt die Welt — punktum.* Ich frag'
dich auch um nichts.*

CHRISTINE Mich kannst du um alles fragen.

FRITZ Aber ich tu's nicht. Ich will ja nichts wissen.

MIZI (*kommt wieder hin*) Herrgott, machen Sie da eine
Unordnung — (*übernimmt die Speisen, legt sie auf die Teller*)
So...

THEODOR Du, Fritz, sag', hast du denn irgendwas zum
Trinken zu Hause?

FRITZ Oh ja, es wird sich schon was finden. (*Er geht ins
Vorzimmer*)

THEODOR (*erhebt sich und besichtigt den Tisch*) Gut. —

MIZI So, ich denke, es fehlt nichts mehr!...

FRITZ (*kommt mit einigen Flaschen zurück*) So, hier wäre auch
was zum Trinken.

THEODOR Wo sind denn die Rosen, die von der Decke
herunterfallen?

MIZI Ja, richtig, die Rosen haben wir vergessen! (*Sie nimmt
die Rosen aus der Vase, steigt auf einen Stuhl und läßt die Rosen
auf den Tisch fallen*) So!

CHRISTINE Gott, ist das Mädel ausgelassen.*

THEODOR Na, nicht in die Teller...

FRITZ Wo willst du sitzen, Christin'?

THEODOR Wo ist denn der Stoppelzieher?*

FRITZ (*holt einen aus der Kredenz*) Hier ist einer. (*Mizi versucht,
den Wein aufzumachen*) Aber geben Sie das doch mir.

THEODOR Laßt das mich machen...(*Nimmt ihm Flasche und
Stoppelzieher aus der Hand*) Du könntest unterdessen ein
bißchen... (*Bewegung des Klavierspiels*)

MIZI Ja ja, das ist fesch!*...(*Sie läuft zum Klavier, öffnet es,* *nachdem sie die Sachen, die darauf liegen, auf einen Stuhl gelegt hat)*

FRITZ (*zu Christine*) Soll ich?

CHRISTINE Ich bitt' dich, ja, so lang schon hab' ich mich danach gesehnt.

FRITZ (*am Klavier*) Du kannst ja auch ein bissel spielen?

CHRISTINE (*abwehrend*) Oh Gott.

MIZI Schön kann sie spielen, die Christin',...sie kann auch singen.

FRITZ Wirklich? Das hast du mir ja nie gesagt!...

CHRISTINE Hast du mich denn je gefragt?

FRITZ Wo hast du denn singen gelernt?

CHRISTINE Gelernt hab' ich's eigentlich nicht. Der Vater hat mich ein bissel* unterrichtet — aber ich hab' nicht viel Stimme. Und weißt du, seit die Tant' gestorben ist, die immer bei uns gewohnt hat, da ist es noch stiller bei uns wie es früher war.*

FRITZ Was machst du eigentlich so den ganzen Tag?

CHRISTINE Oh Gott, ich hab' schon zu tun! —

FRITZ So im Haus — wie? —

CHRISTINE Ja. Und dann schreib' ich Noten ab, ziemlich viel. —

THEODOR Musiknoten? —

CHRISTINE Freilich.

THEODOR Das muß ja horrend bezahlt werden. (*Wie die andern lachen*) Na, ich würde das horrend bezahlen. Ich glaube, Notenschreiben muß eine fürchterliche Arbeit sein!

MIZI Es ist auch ein Unsinn, daß sie sich so plagt. (*Zu Christine*) Wenn ich so viel Stimme hätte, wie du, wär' ich längst beim Theater.

THEODOR Du brauchtest nicht einmal Stimme...Du tust natürlich den ganzen Tag gar nichts, was?

MIZI Na, sei so gut!* Ich hab' ja zwei kleine Brüder, die in die Schul' gehn, die zieh' ich an in der Früh'; und dann mach' ich die Aufgaben mit ihnen —

THEODOR Da ist doch kein Wort wahr.

MIZI Na, wennst mir nicht glaubst! — Und bis zum vorigen Herbst bin ich sogar in einem Geschäft gewesen von acht in der Früh' bis acht am Abend —

THEODOR (*leicht spottend*) Wo denn?

MIZI In einem Modistengeschäft. Die Mutter will, daß ich wieder eintrete.

THEODOR (*wie oben*) Warum bist du denn ausgetreten?

FRITZ (*zu Christine*) Du mußt uns dann was vorsingen!

THEODOR Kinder, essen wir jetzt lieber, und du spielst dann, ja?...

FRITZ (*aufstehend, zu Christine*) Komm, Schatz! (*Führt sie zum Tisch hin*)

MIZI Der Kaffee! Jetzt geht der Kaffee über, und wir haben noch nichts gegessen!

THEODOR Jetzt ist's schon alles eins!

MIZI Aber er geht ja über! (*Bläst die Spiritusflamme aus. Man setzt sich zu Tisch*)

THEODOR Was willst du haben, Mizi? Das sag' ich dir gleich: Die Torte kommt zuletzt!...Zuerst mußt du lauter ganz saure Sachen essen. (*Fritz schenkt den Wein ein*) Nicht so: Das macht man jetzt anders. Kennst du nicht die neueste Mode? (*Steht auf, affektiert Grandezza,*★ *die Flasche in der Hand, zu Christine*) Vöslauer Ausstich★ achtzehnhundert... (*spricht die nächsten Zahlen unverständlich. Schenkt ein, zu Mizi*) Vöslauer Ausstich achtzehnhundert...(*wie früher. Schenkt ein, zu Fritz*) Vöslauer Ausstich achtzehnhundert... (*wie früher. An seinem eigenen Platz*) Vöslauer Ausstich... (*wie früher. Setzt sich*)

MIZI (*lachend*) Alleweil macht er Dummheiten.

THEODOR (*erhebt das Glas, alle stoßen an*) Prosit!

MIZI Sollst leben, Theodor!...

THEODOR (*sich erhebend*) Meine Damen und Herren...

FRITZ Na, nicht gleich!

THEODOR (*setzt sich*) Ich kann ja warten. (*Man ißt*)

MIZI Das hab' ich so gern, wenn bei Tisch Reden gehalten werden. Also ich hab' einen Vetter, der redt immer in Reimen.

THEODOR Bei was für einem Regiment ist er?...

MIZI Geh, hör' auf...Auswendig redt er und mit Reimen, aber großartig, sag' ich dir, Christin'. Und ist eigentlich schon ein älterer Herr.

THEODOR O, das kommt vor, daß ältere Herren noch in Reimen reden.

FRITZ Aber, ihr trinkt ja gar nicht. Christin'! (*Er stößt mit ihr an*)

THEODOR (*stößt mit Mizi an*) Auf die alten Herren, die in Reimen reden.

MIZI (*lustig*) Auf die jungen Herren, auch wenn sie gar nichts reden...zum Beispiel auf den Herrn Fritz...Sie, Herr Fritz, jetzt trinken wir Bruderschaft, wenn Sie wollen — und die Christin' muß auch mit dem Theodor Bruderschaft trinken.

THEODOR Aber nicht mit dem Wein, das ist kein Bruderschaftswein. (*Erhebt sich, nimmt eine andere Flasche — gleiches Spiel wie früher*) Xeres de la Frontera mille huit cent cinquante — Xeres de la Frontera — Xeres de la Frontera — Xeres de la Frontera.

MIZI (*nippt*) Ah —

THEODOR Kannst du nicht warten, bis wir alle trinken?... Also, Kinder...bevor wir uns so feierlich verbrüdern, wollen wir auf den glücklichen Zufall trinken, der, der...und so weiter...

MIZI Ja, ist schon gut! (*Sie trinken*)

Fritz nimmt Mizis, Theodor Christinens Arm, die Gläser in der Hand, wie man Bruderschaft zu trinken pflegt. Fritz küßt Mizi. Theodor will Christine küssen.

CHRISTINE (*lächelnd*) Muß das sein?

THEODOR Unbedingt, sonst gilt's nichts...(*küßt sie*) So, und jetzt à place!...

MIZI Aber schauerlich heiß wird's in dem Zimmer.

FRITZ Das ist von den vielen Lichtern, die der Theodor ange-
zündet hat.

MIZI Und von dem Wein. (*Sie lehnt sich in den Fauteuil
zurück*)

THEODOR Komm nur daher,★ jetzt kriegst du ja erst das Beste.
(*Er schneidet ein Stückchen von der Torte ab und steckt's ihr in
den Mund*) Da, du Katz' — gut? —

MIZI Sehr!... (*Er gibt ihr noch eins*)

THEODOR Geh, Fritz, jetzt ist der Moment! Jetzt könntest du
was spielen!

FRITZ Willst du, Christin'?

CHRISTINE Bitte! —

MIZI Aber was Fesches! (*Theodor füllt die Gläser*) Kann
nicht mehr. (*Trinkt*)

CHRISTINE (*nippend*) Der Wein ist so schwer.

THEODOR (*auf den Wein weisend*) Fritz!

*Fritz leert das Glas, geht zum Klavier. Christine setzt sich
zu ihm.*

MIZI Herr Fritz, spielen S' den Doppeladler.★

FRITZ Den Doppeladler — wie geht der?

MIZI Dori, kannst du nicht den Doppeladler spielen?

THEODOR Ich kann überhaupt nicht Klavier spielen.

FRITZ Ich kenne ihn ja; er fällt mir nur nicht ein.

MIZI Ich werd' ihn Ihnen vorsingen...La...la...lalalala...
la...

FRITZ Aha, ich weiß schon. (*Spielt aber nicht ganz richtig*)

MIZI (*geht zum Klavier*) Nein, so... (*spielt die Melodie mit
einem Finger*)

FRITZ Ja, ja... (*er spielt, Mizi singt mit*)

THEODOR Das sind wieder süße Erinnerungen, was?...

FRITZ (*spielt wieder unrichtig und hält inne*) Es geht nicht. Ich
hab' gar kein Gehör. (*Er phantasiert*)

MIZI (*gleich nach dem ersten Takt*) Das ist nichts!

FRITZ (*lacht*) Schimpfen Sie nicht, das ist von mir! —

MIZI Aber zum Tanzen ist es nicht.

FRITZ Probieren Sie nur einmal...

THEODOR (*zu Mizi*) Komm, versuchen wir's. (*Er nimmt sie um die Taille, sie tanzen*)

Christine steht am Klavier und schaut auf die Tasten. Es klingelt. Fritz hört plötzlich auf zu spielen; Theodor und Mizi tanzen weiter.

THEODOR UND MIZI (*zugleich*) Was ist denn das? — Na!

FRITZ Es hat eben geklingelt... (*zu Theodor*) Hast du denn noch jemanden eingeladen?

THEODOR Keine Idee — du brauchst ja nicht zu öffnen.

CHRISTINE (*zu Fritz*) Was hast du denn?

FRITZ Nichts...

Es klingelt wieder. Fritz steht auf, bleibt stehen.

THEODOR Du bist einfach nicht zu Hause.

FRITZ Man hört ja das Klavierspielen bis auf den Gang... Man sieht auch von der Straße her, daß es beleuchtet ist.

THEODOR Was sind denn das für Lächerlichkeiten? Du bist eben nicht zu Haus.

FRITZ Es macht mich aber nervös.

THEODOR Na, was wird's denn sein? Ein Brief! — Oder ein Telegramm — Du wirst ja um (*auf die Uhr sehend*) um neun keinen Besuch bekommen.

Es klingelt wieder.

FRITZ Ach was, ich muß doch nachsehn — (*geht hinaus*)

MIZI Aber ihr seid auch gar nicht fesch — (*schlägt ein paar Tasten auf dem Klavier an*)

THEODOR Geh', hör jetzt auf! — (*Zu Christine*) Was haben Sie denn? Macht Sie das Klingeln auch nervös? —

Fritz kommt zurück, mit erkünstelter Ruhe.

THEODOR UND CHRISTINE (*zugleich*) Na, wer war's? — Wer
war's?

FRITZ (*gezwungen lächelnd*) Ihr müßt so gut sein, mich einen
Moment zu entschuldigen. Geht unterdessen da hinein.

THEODOR Was gibts denn?

CHRISTINE Wer ist's?!

FRITZ Nichts, Kind, ich habe nur zwei Worte mit einem
Herrn zu sprechen...(*Hat die Tür zum Nebenzimmer
geöffnet, geleitet die Mädchen hinein, Theodor ist der letzte, sieht
Fritz fragend an*)

FRITZ (*leise, mit entsetztem Ausdruck*) Er!...

THEODOR Ah!...

FRITZ Geh hinein, geh hinein. —

THEODOR Ich bitt' dich, mach' keine Dummheiten, es kann
eine *Falle* sein...

FRITZ Geh...geh... — (*Theodor ins Nebenzimmer. Fritz geht
rasch durchs Zimmer auf den Gang, so daß die Bühne einige
Augenblicke leer bleibt. Dann tritt er wieder auf, indem er einen
elegant gekleideten Herrn von etwa fünfunddreißig Jahren voraus
eintreten läßt. — Der Herr ist in gelbem Überzieher, trägt
Handschuhe, hält den Hut in der Hand*)

Fritz, der Herr.

FRITZ (*noch im Eintreten*) Pardon, daß ich Sie warten ließ...
ich bitte...

DER HERR (*in ganz leichtem Tone*) Oh, das tut nichts. Ich
bedaure sehr, Sie gestört zu haben.

FRITZ Gewiß nicht. Bitte wollen Sie nicht — (*weist ihm einen
Stuhl an*)

DER HERR Ich sehe ja, daß ich Sie gestört habe. Kleine Unter-
haltung, wie?

FRITZ Ein paar Freunde.

DER HERR (*sich setzend, immer freundlich*) Maskenscherz wahrscheinlich?

FRITZ (*befangen*) Wieso?

DER HERR Nun, Ihre Freunde haben Damenhüte und Mantillen.

FRITZ Nun ja... (*lächelnd*) Es mögen ja Freundinnen auch dabei sein... (*Schweigen*)

DER HERR Das Leben ist zuweilen ganz lustig...ja... (*Er sieht den andern starr an*)

FRITZ (*hält den Blick eine Weile aus, dann sieht er weg*)...Ich darf mir wohl die Frage erlauben, was mir die Ehre Ihres Besuches verschafft.

DER HERR Gewiß... (*ruhig*) Meine Frau hat nämlich* ihren Schleier bei Ihnen vergessen.

FRITZ Ihre Frau Gemahlin bei mir?...ihren... (*lächelnd*) Der Scherz ist ein bißchen sonderbar...

DER HERR (*plötzlich aufstehend, sehr stark, fast wild, indem er sich mit der einen Hand auf die Stuhllehne stützt*) Sie hat ihn vergessen.

Fritz erhebt sich auch, und die beiden stehen einander gegenüber.

DER HERR (*hebt die Faust, als wollte er sie auf Fritz niederfallen lassen; — in Wut und Ekel*) Oh...!

Fritz wehrt ab, geht einen kleinen Schritt nach rückwärts.

DER HERR (*nach einer langen Pause*) Hier sind Ihre Briefe. (*Er wirft ein Paket, das er aus der Tasche des Überziehers nimmt, auf den Schreibtisch*) Ich bitte um die, welche Sie erhalten haben...

Fritz abwehrende Bewegung.

DER HERR (*heftig, mit Bedeutung*) Ich will nicht, daß man sie — später bei Ihnen findet.

FRITZ (*sehr stark*) Man wird sie nicht finden. (*Der Herr schaut ihn an. Pause*) Was wünschen Sie noch von mir?...

DER HERR (*höhnisch*) Was ich *noch* wünsche —?

FRITZ Ich stehe zu Ihrer Verfügung...*

DER HERR (*verbeugt sich kühl*) Gut. — (*Er läßt seinen Blick im*

*Zimmer umhergehen; wie er wieder den gedeckten Tisch, die
Damenhüte usw. sieht, geht eine lebhafte Bewegung über sein
Gesicht, als wollte es zu einem neuen Ausbruch seiner Wut
kommen)*

FRITZ (*der das bemerkt, wiederholt*) Ich bin ganz zu Ihrer
Verfügung. — Ich werde morgen bis zwölf Uhr zu Hause
sein.

    Der Herr verbeugt sich und wendet sich zum Gehen.

FRITZ (*begleitet ihn bis zur Türe, was der Herr abwehrt. Wie er
weg ist, geht Fritz zum Schreibtisch, bleibt eine Weile stehen.
Dann eilt er zum Fenster, sieht durch eine Spalte, die die
Rouleaux gelassen, hinaus, und man merkt, wie er den auf dem
Trottoir gehenden Herrn mit den Blicken verfolgt. Dann
entfernt er sich vom Fenster, bleibt, eine Sekunde lang zur Erde
schauend, stehen; dann geht er zur Türe des Nebenzimmers,
öffnet sie zur Hälfte und ruft*) Theodor...auf einen Moment.

    Fritz, Theodor. Sehr rasch diese Szene.

THEODOR (*erregt*) Nun...
FRITZ Er weiß es.
THEODOR Nichts weiß er. Du bist ihm sicher hineingefallen.
Hast am Ende gestanden. Du bist ein Narr, sag' ich dir...
Du bist —
FRITZ (*auf die Briefe weisend*) Er hat mir meine Briefe
zurückgebracht.
THEODOR (*betroffen*) Oh...(*nach einer Pause*) Ich sag' es
immer, man soll nicht Briefe schreiben.
FRITZ Er ist es gewesen, heute nachmittag, da unten.
THEODOR Also was hat's denn gegeben? — So sprich doch.
FRITZ Du mußt mir nun einen großen Dienst erweisen,
Theodor.
THEODOR Ich werde die Sache schon in Ordnung bringen.
FRITZ Davon ist hier nicht mehr die Rede.
THEODOR Also...

FRITZ Es wird für alle Fälle gut sein... (*sich unterbrechend*) — aber wir können doch die armen Mädeln nicht so lange warten lassen.

THEODOR Die können schon warten. Was wolltest du sagen?

FRITZ Es wird gut sein, wenn du heute noch Lensky aufsuchst.

THEODOR Gleich, wenn du willst.

FRITZ Du triffst ihn jetzt nicht...aber zwischen elf und zwölf kommt er ja sicher ins Kaffeehaus...vielleicht kommt ihr dann beide noch zu mir...

THEODOR Geh, so mach' doch kein solches Gesicht...in neunundneunzig Fällen von hundert geht die Sache gut aus.

FRITZ Es wird dafür gesorgt sein,* daß diese Sache *nicht* gut ausgeht.

THEODOR Aber ich bitt' dich, erinnere dich, im vorigen Jahr, die Affäre zwischen dem Doktor Billinger und dem Herz — das war doch genau dasselbe.

FRITZ Laß das, du weißt es selbst, — er hätte mich einfach hier in dem Zimmer niederschießen sollen, — es wär' aufs gleiche herausgekommen.*

THEODOR (*gekünstelt*) Ah, das ist famos! Das ist eine großartige Auffassung...Und wir, der Lensky und ich, wir sind nichts? Du meinst, wir werden es zugeben — —

FRITZ Bitt' dich, laß das!...Ihr werdet einfach annehmen, was man proponieren wird.

THEODOR Ah, —

FRITZ Wozu das alles, Theodor. Als wenn du's nicht wüßtest.

THEODOR Unsinn. Überhaupt, das Ganze ist Glückssache... Ebenso gut kannst du ihn...

FRITZ (*ohne darauf zu hören*) Sie hat es geahnt. Wir beide haben es geahnt. Wir haben es gewußt...

THEODOR Geh, Fritz...

FRITZ (*zum Schreibtisch, sperrt die Briefe ein*) Was *sie* in diesem Augenblick nur macht. Ob er sie...Theodor...das mußt du morgen in Erfahrung bringen, was dort geschehen ist.

THEODOR Ich werd' es versuchen...

FRITZ...Sieh auch, daß kein überflüssiger Aufschub...

THEODOR Vor übermorgen früh wird's ja doch kaum sein können.

FRITZ (*beinahe angstvoll*) Theodor!

THEODOR Also...Kopf hoch. — Nicht wahr, auf innere Überzeugungen ist doch auch etwas zu geben — und ich hab' die feste Überzeugung, daß alles...gut ausgeht. (*Redet sich in Lustigkeit hinein*) Ich weiß selbst nicht warum, aber ich hab' einmal die Überzeugung!

FRITZ (*lächelnd*) Was bist du für ein guter Kerl! — Aber was sagen wir nur den Mädeln?

THEODOR Das ist wohl sehr gleichgültig. Schicken wir sie einfach weg.

FRITZ Oh nein. Wir wollen sogar möglichst lustig sein. Christine darf gar nichts ahnen. Ich will mich wieder zum Klavier setzen; ruf du sie indessen herein. (*Theodor wendet sich, unzufriedenen Gesichts, das zu tun*) Und was wirst du ihnen sagen?

THEODOR Daß sie das gar nichts angeht.

FRITZ (*der sich zum Klavier gesetzt hat, sich nach ihm umwendend*) Nein, nein —

THEODOR Daß es sich um einen Freund handelt — das wird sich schon finden.* (*Fritz spielt ein paar Töne*) Bitte, meine Damen. (*Hat die Tür geöffnet*)

Fritz, Theodor, Christine, Mizi.

MIZI Na endlich! Ist der schon fort?

CHRISTINE (*zu Fritz eilend*) Wer war bei dir, Fritz?

FRITZ (*am Klavier, weiterspielend*) Ist schon wieder neugierig.

CHRISTINE Ich bitt' dich, Fritz, sag's mir.

FRITZ Schatz, ich kann's dir nicht sagen, es handelt sich wirklich um Leute, die du gar nicht kennst.

CHRISTINE (*schmeichelnd*) Geh, Fritz, sag' mir die Wahrheit!

THEODOR Sie läßt dich natürlich nicht in Ruh'...Daß du ihr nichts sagst! Du hast's ihm versprochen!

MIZI Geh, sei doch nicht so fad,* Christin', laß ihnen die Freud'! Sie machen sich eh' nur wichtig!*

THEODOR Ich muß den Walzer mit Fräulein Mizi zu Ende tanzen. (*Mit der Betonung eines Clowns*) Bitte, Herr Kapell-meister — eine kleine Musik.

Fritz spielt. Theodor und Mizi tanzen; nach wenigen Takten:

MIZI Ich kann nicht! (*Sie fällt in einen Fauteuil zurück*)

Theodor küßt sie, setzt sich auf die Lehne des Fauteuils zu ihr. Fritz bleibt am Klavier, nimmt Christine bei beiden Händen, sieht sie an.

CHRISTINE (*wie erwachend*) Warum spielst du nicht weiter?

FRITZ (*lächelnd*) Genug für heut...

CHRISTINE Siehst du, so möcht' ich spielen können...

FRITZ Spielst du viel?...

CHRISTINE Ich komme nicht viel dazu; im Haus ist immer was zu tun. Und dann, weißt, wir haben ein so schlechtes Pianino.

FRITZ Ich möcht's wohl einmal versuchen. Ich möcht' überhaupt gern dein Zimmer einmal sehen.

CHRISTINE (*lächelnd*) 'S ist nicht so schön wie bei dir!...

FRITZ Und *noch* eins möcht' ich: Daß du mir einmal viel von dir erzählst...recht viel...ich weiß eigentlich so wenig von dir.

CHRISTINE Ist wenig zu erzählen. — Ich hab' auch keine Geheimnisse — wie wer anderer...

FRITZ Du hast noch keinen lieb gehabt?

Christine sieht ihn nur an. Fritz küßt ihr die Hände.

CHRISTINE Und werd' auch nie wen andern lieb haben...

FRITZ (*mit fast schmerzlichem Ausdruck*) Sag' das nicht...sag's nicht...was weißt du denn?...Hat dich dein Vater sehr gern, Christin'? —

CHRISTINE O Gott!...Es war auch eine Zeit, wo ich ihm alles erzählt hab'. —

FRITZ Na, Kind, mach' dir nur keine Vorwürfe...Ab und zu hat man halt Geheimnisse — das ist der Lauf der Welt.

CHRISTINE ...Wenn ich nur wüßte, daß du mich gern hast — da wär' ja alles ganz gut.

FRITZ Weißt du's denn nicht?

CHRISTINE Wenn du immer in dem Ton zu mir reden möchtest, ja dann...

FRITZ Christin'! Du sitzt aber recht unbequem.

CHRISTINE Ach laß mich nur — es ist da ganz gut. (*Sie legt den Kopf aufs Klavier*)

Fritz steht auf und streichelt ihr die Haare.

CHRISTINE O, das ist gut.

Stille im Zimmer.

THEODOR Wo sind denn die Zigarren, Fritz? —

Fritz kommt zu ihm hin, der bei der Kredenz steht und schon gesucht hat. Mizi ist eingeschlummert.

FRITZ (*reicht ihm ein Zigarrenkistchen*) Und der schwarze Kaffee! (*Er schenkt zwei Tassen ein*)

THEODOR Kinder, wollt Ihr nicht auch schwarzen Kaffee haben?

FRITZ Mizi, soll ich dir eine Tasse...

THEODOR Lassen wir sie schlafen... — Du, trink übrigens keinen Kaffee heut. Du solltest dich möglichst bald zu Bette legen und schauen, daß du ordentlich schläfst. (*Fritz sieht ihn an und lacht bitter*) Na ja, jetzt stehn die Dinge nun einmal so wie sie stehn*...und es handelt sich jetzt nicht darum, so großartig oder so tiefsinnig, sondern so vernünftig zu sein als möglich...darauf kommt es an...in solchen Fällen.

FRITZ Du kommst noch heute Nacht mit Lensky zu mir, ja?...

THEODOR Das ist ein Unsinn. Morgen früh ist Zeit genug.

FRITZ Ich bitt' dich drum.

THEODOR Also schön...

FRITZ Begleitest du die Mädeln nach Hause?

THEODOR Ja, und zwar sofort...Mizi!...Erhebe dich! —

MIZI Ihr trinkt da schwarzen Kaffee —! Gebt's mir★ auch einen! —

THEODOR Da hast du, Kind...

FRITZ (*zu Christine hin*) Bist müd', mein Schatz?...

CHRISTINE Wie lieb das ist, wenn du so sprichst.

FRITZ Sehr müd'? —

CHRISTINE (*lächelnd*) — Der Wein. — Ich hab' auch ein bissel Kopfweh...

FRITZ Na, in der Luft wird dir das schon vergehn!

CHRISTINE Gehen wir schon? — Begleitest du uns?

FRITZ Nein, Kind. Ich bleib' jetzt schon zu Haus...Ich hab' noch einiges zu tun.

CHRISTINE (*der wieder die Erinnerung kommt*) Jetzt...Was hast du denn jetzt zu tun?

FRITZ (*beinahe streng*) Du Christin', das mußt du dir abgewöhnen! — (*Mild*) Ich bin nämlich★ wie zerschlagen...wir sind heut, der Theodor und ich, draußen auf dem Land zwei Stunden herumgelaufen —

THEODOR Ah, das war entzückend. Nächstens fahren wir alle zusammen hinaus aufs Land.

MIZI Ja, das ist fesch! Und ihr zieht euch die Uniform dazu an.

THEODOR Das ist doch wenigstens Natursinn!

CHRISTINE Wann sehen wir uns denn wieder?

FRITZ (*etwas nervös*) Ich schreib's dir schon.

CHRISTINE (*traurig*) Leb' wohl. (*Wendet sich zum Gehen*)

FRITZ (*bemerkt ihre Traurigkeit*) *Morgen* sehn wir uns, Christin'.

CHRISTINE (*froh*) Ja?

FRITZ In dem Garten...dort bei der Linie★ wie neulich...um — sagen wir, um sechs Uhr...ja? Ist's dir recht?

Christine nickt.

MIZI (*zu Fritz*) Gehst mit uns, Fritz?

THEODOR Die hat ein Talent zum Dusagen —!

FRITZ Nein, ich bleib' schon zu Haus.

MIZI Der hat's gut! Was wir noch für einen Riesenweg nach
Haus haben...

FRITZ Aber, Mizi, du hast ja beinah' die ganze gute Torte
stehen lassen. Wart', ich pack' sie dir ein — ja?

MIZI (*zu Theodor*) Schickt sich das?

Fritz schlägt die Torte ein.

CHRISTINE Die ist wie ein kleines Kind...

MIZI (*zu Fritz*) Wart', dafür helf' ich dir★ die Lichter
auslöschen. (*Löscht ein Licht nach dem andern aus, das Licht
auf dem Schreibtisch bleibt*)

CHRISTINE Soll ich dir nicht das Fenster aufmachen? — es ist
so schwül. (*Sie öffnet das Fenster, Blick auf das gegenüber-
liegende Haus*)

FRITZ So, Kinder. Jetzt leucht' ich euch.

MIZI Ist denn schon ausgelöscht auf der Stiege?

THEODOR Na, selbstverständlich.

CHRISTINE Ah, die Luft ist gut, die da hereinkommt!...

MIZI Mailüfterl...(*bei der Tür, Fritz hat den Leuchter in der
Hand*) Also, wir danken für die freundliche Aufnahme! —

THEODOR (*sie drängend*) Geh, geh, geh, geh...

*Fritz geleitet die andern hinaus. Die Tür bleibt offen, man hört die
Personen draußen reden. Man hört die Wohnungstür aufschließen.*

MIZI Also pah! —

THEODOR Gib acht, da sind Stufen.

MIZI Danke schön für die Torte...

THEODOR Pst, du weckst ja die Leute auf! —

CHRISTINE Gute Nacht!

THEODOR Gute Nacht!

*Man hört, wie Fritz die Tür draußen schließt und versperrt. —
Während er hereintritt und das Licht auf den Schreibtisch stellt,
hört man das Haustor unten öffnen und schließen. Fritz geht zum
Fenster und grüßt hinunter.*

CHRISTINE (*von der Straße*) Gute Nacht!

MIZI (*ebenso, übermütig*) Gute Nacht, du mein herziges
  Kind...

THEODOR (*scheltend*) Du Mizi...

*Man hört seine Worte, ihr Lachen, die Schritte verklingen.
Theodor pfeift die Melodie des 'Doppeladler', die am spätesten
verklingt. Fritz sieht noch ein paar Sekunden hinaus, dann sinkt
er auf den Fauteuil neben dem Fenster.*

Vorhang

ZWEITER AKT

*Zimmer Christinens. Bescheiden und nett. Christine kleidet sich
eben zum Weggehen an. Katharina tritt auf, nachdem sie draußen
angeklopft hat.*

KATHARINA Guten Abend, Fräulein Christin'.

CHRISTINE (*die vor dem Spiegel steht, wendet sich um*) Guten
  Abend.

KATHARINA Sie wollen grad weggehn?

CHRISTINE Ich hab's nicht so eilig.

KATHARINA Ich komm' nämlich von meinem Mann, ob Sie
  mit uns nachtmahlen gehen wollen in' Lehnergarten, weil
  heut dort Musik ist.

CHRISTINE Danke sehr, Frau Binder...ich kann heut nicht...
  ein anderes Mal, ja? — Aber Sie sind nicht bös'?

KATHARINA Keine Spur...warum denn? Sie werden sich
  schon besser unterhalten können als mit uns. (*Christine
  Blick*) Der Vater ist schon im Theater?...

CHRISTINE O nein; er kommt noch früher nach Haus. Jetzt fangt's ja erst um halb acht an!

KATHARINA Richtig, das vergess' ich alleweil. Da werd' ich gleich auf ihn warten, weil ich ihn schon lang bitten möcht' wegen Freikarten zu dem neuen Stück...Jetzt wird man s' doch schon kriegen?...

CHRISTINE Freilich...es geht ja jetzt keiner mehr hinein, wenn einmal die Abende so schön werden.

KATHARINA Unsereins kommt ja sonst gar nicht dazu...wenn man nicht zufällig Bekannte bei einem Theater hat...Aber halten Sie sich meinetwegen nicht auf, Fräulein Christin', wenn Sie weg müssen. Meinem Mann wird's freilich sehr leid sein...und noch wem andern auch...

CHRISTINE Wem?

KATHARINA Der Cousin von Binder ist mit, natürlich... Wissen Sie, Fräulein Christin', daß er jetzt fix angestellt ist?★

CHRISTINE (*gleichgültig*) Ah. —

KATHARINA Und mit einem ganz schönen Gehalt. Und so ein honetter junger Mensch. Und eine Verehrung hat er für Sie —

CHRISTINE Also — auf Wiedersehen, Frau Binder.

KATHARINA Dem könnt' man von Ihnen erzählen, was man will — der möcht' kein Wort glauben...(*Christine Blick*) Es gibt schon solche Männer...

CHRISTINE Adieu, Frau Binder.

KATHARINA Adieu...(*nicht zu boshaft im Ton*) Daß Sie nur zum Rendezvous nicht zu spät kommen, Fräul'n Christin'!

CHRISTINE Was wollen Sie eigentlich von mir? —

KATHARINA Aber nichts, Sie haben ja recht! Man ist ja nur einmal jung.

CHRISTINE Adieu.

KATHARINA Aber einen Rat, Fräulein Christin', möcht' ich Ihnen doch geben: Ein bissel vorsichtiger sollten Sie sein!

CHRISTINE Was heißt denn das?

KATHARINA Schaun Sie — Wien ist ja eine so große Stadt...

Müssen Sie sich Ihre Rendezvous grad hundert Schritt weit
vom Haus geben?

CHRISTINE Das geht wohl niemanden was an.

KATHARINA Ich hab's gar nicht glauben wollen, wie mir's der
Binder erzählt hat. Der hat Sie nämlich gesehn...Geh,
hab' ich ihm gesagt, du wirst dich verschaut haben. Das
Fräulein Christin', die ist keine Person, die mit eleganten
jungen Herren am Abend spazieren geht, und wenn schon,
so wird's doch so gescheit sein, und nicht grad in unserer
Gassen! Na, sagt er, kannst sie ja selber fragen! Und, sagt
er, ein Wunder ist's ja nicht — zu uns kommt sie gar
nimmermehr, aber dafür läuft sie in einer Tour mit der
Schlager Mizi herum, ist das eine Gesellschaft für ein
anständiges junges Mädel? — Die Männer sind ja so
ordinär, Fräul'n Christin'! — Und dem Franz hat er's
natürlich auch gleich erzählen müssen, aber der ist schön
bös' worden, — und für die Fräul'n Christin' legt er die
Hand ins Feuer, und wer was über sie sagt, der hat's mit
ihm zu tun. Und wie Sie so für's Häusliche sind und wie
lieb Sie alleweil mit der alten Fräul'n Tant' gewesen sind —
Gott schenk' ihr die ewige Ruh' — und wie bescheiden und
wie eingezogen als Sie leben* und so weiter...(Pause)
Vielleicht kommen S' doch mit zur Musik?

CHRISTINE Nein...

> *Katharina, Christine, Weiring tritt auf. Er hat einen*
> *Fliederzweig in der Hand.*

WEIRING Guten Abend...Ah, die Frau Binder. Wie geht's
Ihnen denn?

KATHARINA Dank' schön.

WEIRING Und das Linerl? — Und der Herr Gemahl?...

KATHARINA Alles gesund, Gott sei Dank.

WEIRING Na, das ist schön. — (Zu Christine) Du bist noch
zu Haus bei dem schönen Wetter —?

CHRISTINE Grad hab' ich fortgehn wollen.

WEIRING Das ist gescheit! — Eine Luft ist heut draußen, was, Frau Binder, das ist was Wunderbars. Ich bin jetzt durch den Garten bei der Linie gegangen — da blüht der Flieder — es ist eine Pracht! Ich hab' mich auch einer Übertretung schuldig gemacht! (*Gibt den Fliederzweig der Christine*)

CHRISTINE Dank' dir, Vater.

KATHARINA Sein S' froh, daß Sie der Wächter nicht erwischt hat.

WEIRING Gehn S' einmal hin, Frau Binder — es riecht noch genau so gut dort, als wenn ich das Zweigerl nicht abgepflückt hätt'.

KATHARINA Wenn sich das aber alle dächten —

WEIRING Das wär' freilich g'fehlt!

CHRISTINE Adieu, Vater!

WEIRING Wenn du ein paar Minuten warten möchtest, so könntest du mich zum Theater hinbegleiten.

CHRISTINE Ich...ich hab' der Mizi versprochen, daß ich sie abhol'...

WEIRING Ah so. — Ist auch gescheiter. Jugend gehört zur Jugend. Adieu, Christin'...

CHRISTINE (*küßt ihn. Dann*) Adieu, Frau Binder! — (*Ab; Weiring sieht ihr zärtlich nach*)

Katharina, Weiring.

KATHARINA Das ist ja jetzt eine sehr intime Freundschaft mit der Fräul'n Mizi.

WEIRING Ja. — Ich bin wirklich froh, daß die Tini eine Ansprach' hat* und nicht in einem fort zu Hause sitzt. Was hat denn das Mädel eigentlich von ihrem Leben!...

KATHARINA Ja freilich.

WEIRING Ich kann Ihnen gar nicht sagen, Frau Binder, wie weh mir's manchmal tut, wenn ich so nach Haus komm', von der Prob' — und sie sitzt da und näht — und Nachmittag, kaum stehn wir vom Tisch auf, so setzt sie sich schon wieder hin und schreibt ihre Noten...

KATHARINA Na ja, die Millionäre haben's freilich besser wie unsereins. Aber was ist denn eigentlich mit ihrem Singen? —

WEIRING Das heißt nicht viel. Für's Zimmer reicht die Stimme ja aus, und für ihren Vater singt sie schön genug — aber leben kann man davon nicht.

KATHARINA Das ist aber schad'.

WEIRING Ich bin froh, daß sie's selber einsieht. Werden *ihr* wenigstens die Enttäuschungen erspart bleiben.* — Zum Chor von unserm Theater könnt' ich sie natürlich bringen —

KATHARINA Freilich, mit *der* Figur!

WEIRING Aber da sind ja gar keine Aussichten.

KATHARINA Man hat wirklich Sorgen mit einem Mädel! Wenn ich denk', daß meine Linerl in fünf, sechs Jahren auch eine große Fräul'n ist —

WEIRING Aber was setzen Sie sich denn nicht, Frau Binder?

KATHARINA Oh, ich dank' schön, mein Mann holt mich gleich ab — ich bin ja nur heraufgekommen, die Christin' einladen...

WEIRING Einladen —?

KATHARINA Ja, zur Musik im Lehnergarten. Ich hab' mir auch gedacht, daß sie das ein bissel aufheitern wird — sie braucht's ja wirklich.

WEIRING Könnt' ihr wahrhaftig nicht schaden — besonders nach dem traurigen Winter. Warum geht sie denn nicht mit Ihnen —?

KATHARINA Ich weiß nicht... Vielleicht weil der Cousin vom Binder mit ist.

WEIRING Ah, schon möglich. Den kann s' nämlich nicht ausstehn. Das hat sie mir selber erzählt.

KATHARINA Ja warum denn nicht? Der Franz ist ein sehr anständiger Mensch — jetzt ist er sogar fix angestellt, das ist doch heutzutag ein Glück für ein...

WEIRING Für ein... armes Mädel —

KATHARINA Für ein jedes Mädel ist das ein Glück.

WEIRING Ja, sagen Sie mir, Frau Binder, ist denn so ein blühendes Geschöpf wirklich zu nichts anderem da, als für so einen anständigen Menschen, der zufällig eine fixe Anstellung hat?

KATHARINA Ist doch das Gescheiteste! Auf einen Grafen kann man ja doch nicht warten, und wenn einmal einer kommt, so empfiehlt er sich dann* gewöhnlich, ohne daß er einen geheiratet hat... (*Weiring ist beim Fenster. Pause*) Na ja... Deswegen sag' ich auch immer, man kann bei einem jungen Mädel nicht vorsichtig genug sein — besonders mit dem Umgang*—

WEIRING Ob's nur dafür steht,* seine jungen Jahre so einfach zum Fenster hinauszuwerfen? — Und was hat denn so ein armes Geschöpf schließlich von ihrer ganzen Bravheit, wenn schon — nach jahrelangem Warten — richtig der Strumpf-wirker kommt!

KATHARINA Herr Weiring, wenn mein Mann auch ein Strumpfwirker ist, er ist ein honetter und ein braver Mann, über den ich mich nie zu beklagen gehabt hab'...

WEIRING (*begütigend*) Aber, Frau Binder — geht denn das auf Sie!*...Sie haben ja auch Ihre Jugend nicht zum Fenster hinausgeworfen.

KATHARINA Ich weiß von der Zeit nichts mehr.

WEIRING Sagen S' das nicht — Sie können mir jetzt erzählen, was Sie wollen — die Erinnerungen sind doch das Beste, was Sie von Ihrem Leben haben.

KATHARINA Ich hab' gar keine Erinnerungen.

WEIRING Na, na...

KATHARINA Und was bleibt denn übrig, wenn eine schon solche Erinnerungen hat, wie Sie meinen?...Die Reu'.

WEIRING Na, und was bleibt denn übrig — wenn sie — nicht einmal was zum Erinnern hat —? Wenn das ganze Leben nur so vorbeigegangen ist (*sehr einfach, nicht pathetisch*) ein Tag wie der andere, ohne Glück und ohne Liebe — dann ist's vielleicht besser?*

KATHARINA Aber, Herr Weiring, denken Sie doch nur an das alte Fräul'n — an Ihre Schwester!... Aber es tut Ihnen noch weh, wenn man von ihr redt, Herr Weiring...

WEIRING Es tut mir noch weh, ja...

KATHARINA Freilich... wenn zwei Leut' so aneinander gehängt haben... ich hab's immer gesagt, so einen Bruder wie Sie findt man nicht bald. (*Weiring abwehrende Bewegung*) Es ist ja wahr. Sie haben ihr doch als ein ganz junger Mensch Vater und Mutter ersetzen müssen.

WEIRING Ja, ja —

KATHARINA Das muß ja doch wieder eine Art Trost sein. Wenn man so weiß, daß man immer der Wohltäter und Beschützer von so einem armen Geschöpf gewesen ist —

WEIRING Ja, das hab' ich mir früher auch eingebildet, — wie sie noch ein schönes junges Mädel war, — und bin mir selber weiß Gott wie gescheit und edel vorgekommen. Aber dann, später, wie so langsam die grauen Haar' gekommen sind und die Runzeln, und es ist ein Tag um den andern hingegangen — und die ganze Jugend — und das junge Mädel ist so allmählich — man merkt ja so was kaum — das alte Fräulein geworden, — da hab' ich erst zu spüren angefangen, was ich eigentlich getan hab'!

KATHARINA Aber Herr Weiring —

WEIRING Ich seh' sie ja noch vor mir, wie sie mir oft gegenübergesessen ist am Abend, bei der Lampe, in dem Zimmer da, und hat mich so angeschaut mit ihrem stillen Lächeln, mit dem gewissen gottergebenen, — als wollt' sie mir noch für was danken; — und ich — ich hätt' mich ja am liebsten vor ihr auf die Knie hingeworfen, sie um Verzeihung bitten, daß ich sie so gut behütet hab' vor allen Gefahren — und vor allem Glück! (*Pause*)

KATHARINA Und es wär' doch manche froh, wenn sie immer so einen Bruder an der Seite gehabt hätt'... und nichts zu bereuen...

Katharina, Weiring, Mizi tritt ein.

MIZI Guten Abend!...Da ist aber schon ganz dunkel...man sieht ja gar nicht mehr. — Ah, die Frau Binder. Ihr Mann ist unten, Frau Binder, und wart' auf Sie...Ist die Christin' nicht zu Haus?...

WEIRING Sie ist vor einer Viertelstunde weggegangen.

KATHARINA Haben Sie sie denn nicht getroffen? Sie hat ja mit Ihnen ein Rendezvous gehabt?

MIZI Nein...wir haben uns jedenfalls verfehlt...Sie gehn mit Ihrem Mann zur Musik, hat er mir gesagt —?

KATHARINA Ja, er schwärmt so viel dafür. Aber hören Sie, Fräulein Mizi, Sie haben ein reizendes Hüterl auf. Neu, was?

MIZI Aber keine Spur. — Kennen Sie denn die Form nimmer? Vom vorigen Frühjahr; nur aufgeputzt ist er neu.

KATHARINA Selber haben Sie sich ihn neu aufgeputzt?*

MIZI Na, freilich.

WEIRING So geschickt!

KATHARINA Natürlich — ich vergess' immer, daß Sie ein Jahr lang in einem Modistengeschäft waren.

MIZI Ich werd' wahrscheinlich wieder in eins gehn. Die Mutter will's haben — da kann man nichts machen.

KATHARINA Wie geht's denn der Mutter?

MIZI Na gut — ein bissel Zahnweh hat s' — aber der Doktor sagt, es ist nur rheumatisch...

WEIRING Ja, jetzt ist es aber für mich die höchste Zeit...

KATHARINA Ich geh' gleich mit Ihnen hinunter, Herr Weiring...

MIZI Ich geh' auch mit...Aber nehmen Sie sich doch den Überzieher, Herr Weiring, es wird später noch recht kühl.

WEIRING Glauben Sie?

KATHARINA Freilich...Wie kann man denn so unvorsichtig sein.

Vorige — Christine.

MIZI Da ist sie ja...

KATHARINA Schon zurück vom Spaziergang?

CHRISTINE Ja. Grüß' dich Gott, Mizi...Ich hab' so Kopfweh ...(*Setzt sich*)

WEIRING Wie?...

KATHARINA Das ist wahrscheinlich von der Luft...

WEIRING Geh, was hast denn, Christin'!...Bitt' Sie, Fräulein Mizi, zünden S' die Lampe an.

Mizi macht sich bereit.

CHRISTINE Aber das kann ich ja selber.

WEIRING Ich möcht' dein Gesicht sehn, Christin'!...

CHRISTINE Aber Vater, es ist ja gar nichts, es ist gewiß von der Luft draußen.

KATHARINA Manche Leut' können grad das Frühjahr nicht vertragen.

WEIRING Nicht wahr, Fräulein Mizi, Sie bleiben noch bei der Christin'?

MIZI Freilich bleib' ich da...

CHRISTINE Aber es ist ja gar nichts, Vater.

MIZI Meine Mutter macht nicht so viel Geschichten mit mir, wenn ich Kopfweh hab'...

WEIRING (*zu Christine, die noch sitzt*) Bist du so müd'?...

CHRISTINE (*vom Sessel aufstehend*) Ich steh' schon wieder auf. (*Lächelnd*)

WEIRING So — jetzt schaust du schon wieder ganz anders aus. — (*Zu Katharina*) Ganz anders schaut sie aus, wenn sie lacht, was...? Also Adieu, Christin'...(*Küßt sie*) Und daß das Kopferl nimmer weh tut, wenn ich nach Haus komm'!... (*Ist bei der Tür*)

KATHARINA (*leise zu Christine*) Habt's Ihr euch gezankt?

Unwillige Bewegung Christinens.

WEIRING *(bei der Tür)* Frau Binder...!

MIZI Adieu!...

Weiring und Katharina ab. Mizi, Christine.

MIZI Weißt, woher die Kopfweh kommen? Von dem süßen Wein gestern. Ich wunder' mich so, daß ich gar nichts davon gespürt hab'...Aber lustig ist's gewesen, was...?

Christine nickt.

MIZI Sind sehr fesche Leut', beide — kann man gar nichts sagen,* was? — Und schön eingerichtet ist der Fritz,* wirklich, prachtvoll! Beim Dori...*(unterbricht sich)* Ah nichts...Geh, hast noch immer so starke Kopfschmerzen? Warum redst denn nichts?...Was hast denn?...

CHRISTINE Denk' dir, — er ist nicht gekommen.

MIZI Er hat dich aufsitzen lassen?* Das geschieht dir recht!

CHRISTINE Ja, was heißt denn das? Was hab' ich denn getan? —

MIZI Verwöhnen tust du ihn, zu gut bist du zu ihm. Da muß ja ein Mann arrogant werden.

CHRISTINE Aber du weißt ja nicht, was du sprichst.

MIZI Ich weiß ganz gut, was ich red'. — Schon die ganze Zeit ärger' ich mich über dich. Er kommt zu spät zu den Rendezvous, er begleit' dich nicht nach Haus, er setzt sich zu fremden Leuten in die Log' hinein, er läßt dich einfach aufsitzen — das läßt du dir alles ruhig gefallen und schaust ihn noch dazu *(sie parodierend)* mit so verliebten Augen an.—

CHRISTINE Geh, sprich nicht so, stell' dich doch nicht schlechter als du bist.* Du hast ja den Theodor auch gern.

MIZI Gern — freilich hab' ich ihn gern. Aber das erlebt der Dori nicht, und das erlebt überhaupt kein Mann mehr, daß ich mich um ihn kränken tät' — das sind sie alle zusamm' nicht wert, die Männer.

CHRISTINE Nie hab' ich dich so reden gehört, nie! —

MIZI Ja, Tinerl — früher haben wir doch überhaupt nicht so
miteinander geredt. — Ich hab' mich ja gar nicht getraut.
Was glaubst denn, was ich für einen Respekt vor dir gehabt
hab'!...Aber siehst, das hab' ich mir immer gedacht:
Wenn's einmal über dich kommt, wird's dich ordentlich
haben. Das erste Mal beutelt's einen schon zusammen!* —
Aber dafür kannst du auch froh sein, daß du bei deiner
ersten Liebe gleich eine so gute Freundin zum Beistand hast.

CHRISTINE Mizi!

MIZI Glaubst mir's nicht, daß ich dir eine gute Freundin bin?
Wenn ich nicht da bin und dir sag': Kind, er ist ein Mann
wie die andern und alle zusammen sind's nicht eine böse
Stund' wert, so setzt du dir weiß Gott was für Sachen in den
Kopf.* Ich sag's aber immer! Den Männern soll man
überhaupt kein Wort glauben.

CHRISTINE Was redst du denn — *die* Männer, *die* Männer —
was gehn mich denn *die* Männer an! — Ich frag' ja nicht
nach den anderen. — In meinem ganzen Leben werd' ich
nach keinem andern fragen!

MIZI ...Ja, was glaubst du denn eigentlich...hat er dir
denn*...? Freilich — es ist schon alles vorgekommen; aber
da hättest du die Geschichte anders anfangen müssen...

CHRISTINE Schweig endlich!

MIZI Na, was willst denn von mir? Ich kann ja nichts dafür, —
das muß man sich früher überlegen. Da muß man halt
warten, bis einer kommt, dem man die ernsten Absichten
gleich am Gesicht ankennt*...

CHRISTINE Mizi, ich kann solche Worte heute nicht vertragen,
sie tun mir weh. —

MIZI (*gutmütig*) Na, geh —

CHRISTINE Laß mich lieber...sei nicht bös'...laß mich lieber
allein!

MIZI Warum soll ich denn bös' sein? Ich geh' schon. Ich
hab' dich nicht kränken wollen, Christin', wirklich...
(*wie sie sich zum Gehen wendet*) Ah, der Herr Fritz.

Vorige — Fritz ist eingetreten.

FRITZ Guten Abend!

CHRISTINE (*aufjubelnd*) Fritz, Fritz! (*Ihm entgegen, in seine Arme*)

Mizi schleicht sich hinaus, mit einer Miene, die ausdrückt: Da bin ich überflüssig.

FRITZ (*sich losmachend*) Aber —

CHRISTINE Alle sagen, daß du mich verlassen wirst! Nicht wahr, du tust es nicht — jetzt noch nicht — jetzt noch nicht...

FRITZ Wer sagt denn das?...Was hast du denn...(*sie streichelnd*) Aber Schatz!...Ich hab' mir eigentlich gedacht, daß du recht erschrecken wirst, wenn ich plötzlich da hereinkomme. —

CHRISTINE Oh — daß du nur da bist!

FRITZ Geh, so beruhig' dich doch — hast du lang auf mich gewartet?

CHRISTINE Warum bist du denn nicht gekommen?

FRITZ Ich bin aufgehalten worden, hab' mich verspätet. Jetzt bin ich im Garten gewesen und hab' dich nicht gefunden — und hab' wieder nach Haus gehen wollen. Aber plötzlich hat mich eine solche Sehnsucht gepackt, eine solche Sehnsucht nach diesem lieben süßen Gesichtel...

CHRISTINE (*glücklich*) Is' wahr?

FRITZ Und dann hab' ich auch plötzlich eine so unbeschreibliche Lust bekommen zu sehen, wo du eigentlich wohnst — ja im Ernst — ich hab' das einmal sehen *müssen* — und da hab' ich's nicht ausgehalten und bin da herauf...es ist dir also nicht unangenehm?

CHRISTINE O Gott!

FRITZ Es hat mich niemand gesehn — und daß dein Vater im Theater ist, hab' ich ja gewußt.

CHRISTINE Was liegt mir an den Leuten!

FRITZ Also da —? (*Sieht sich im Zimmer um*) Das also ist dein Zimmer? Sehr hübsch...

CHRISTINE Du siehst ja gar nichts. (*Will den Schirm von der Lampe nehmen*)

FRITZ Nein, laß nur, das blendet mich, ist besser so... Also da? Das ist das Fenster, von dem du mir erzählt hast, an dem du immer arbeitest, was? — Und die schöne Aussicht! (*Lächelnd*) Über wieviel Dächer man da sieht... Und da drüben — ja, was ist denn das, das Schwarze, das man da drüben sieht?

CHRISTINE Das ist der Kahlenberg!

FRITZ Richtig! Du hast's eigentlich schöner als ich.

CHRISTINE Oh!

FRITZ Ich möchte gern so hoch wohnen, über alle Dächer sehn, ich finde das sehr schön. Und auch still muß es in der Gasse sein?

CHRISTINE Ach, bei Tag ist Lärm genug.

FRITZ Fährt denn da je ein Wagen vorbei?

CHRISTINE Selten, aber gleich im Haus drüben ist eine Schlosserei.

FRITZ O, das ist sehr unangenehm. (*Er hat sich niedergesetzt*)

CHRISTINE Das gewöhnt man!* Man hört's gar nicht mehr.

FRITZ (*steht rasch wieder auf*) Bin ich wirklich zum erstenmal da —? Es kommt mir alles so bekannt vor!... Genau so hab' ich mir's eigentlich vorgestellt. (*Wie er Miene macht, sich näher im Zimmer umzusehen*)

CHRISTINE Nein, anschaun darfst du dir da nichts. —

FRITZ Was sind denn das für Bilder?...

CHRISTINE Geh!...

FRITZ Ah, die möcht' ich mir ansehn. (*Er nimmt die Lampe und beleuchtet die Bilder*)

CHRISTINE ...Abschied — und Heimkehr!

FRITZ Richtig — Abschied und Heimkehr!

CHRISTINE Ich weiß schon, daß die Bilder nicht schön sind. — Beim Vater drin hängt eins, das ist viel besser.

FRITZ Was ist das für ein Bild?

CHRISTINE Das ist ein Mädel, die schaut zum Fenster hinaus, und draußen, weißt, ist der Winter — und das heißt 'Verlassen'. —

FRITZ So... (*stellt die Lampe hin*) Ah, und da ist deine Bibliothek. (*Setzt sich neben die kleine Bücherstellage*)

CHRISTINE Die schau' dir lieber nicht an — —

FRITZ Warum denn? Ah! — Schiller...Hauff...Das Konversationslexikon...Donnerwetter! —

CHRISTINE Geht nur bis zum G...

FRITZ (*lächelnd*) Ach so...Das Buch für Alle...Da schaust du dir die Bilder drin an, was?

CHRISTINE Natürlich hab' ich mir die Bilder angeschaut.

FRITZ (*noch sitzend*) — Wer ist denn der Herr da auf dem Ofen?

CHRISTINE (*belehrend*) Das ist doch der Schubert.

FRITZ (*aufstehend*) Richtig —

CHRISTINE Weil ihn der Vater so gern hat. Der Vater hat früher auch einmal Lieder komponiert, sehr schöne.

FRITZ Jetzt nimmer?

CHRISTINE Jetzt nimmer. (*Pause*)

FRITZ (*setzt sich*) So gemütlich ist es da! —

CHRISTINE Gefällt's dir wirklich?

FRITZ Sehr...Was ist denn das? (*Nimmt eine Vase mit Kunstblumen, die auf dem Tisch steht*)

CHRISTINE Er hat schon wieder was gefunden!...

FRITZ Nein, Kind, das gehört nicht da herein...das sieht verstaubt aus.

CHRISTINE Die sind aber gewiß nicht verstaubt.

FRITZ Künstliche Blumen sehen immer verstaubt aus...In deinem Zimmer müssen wirkliche Blumen stehn, die duften und frisch sind. Von jetzt an werde ich dir... (*unterbricht sich, wendet sich ab, um seine Bewegung zu verbergen*)

CHRISTINE Was denn?...Was wolltest du denn sagen?

FRITZ Nichts, nichts...

CHRISTINE *(steht auf, zärtlich)* Was? —

FRITZ Daß ich dir morgen frische Blumen schicken werde, hab' ich sagen wollen...

CHRISTINE Na, und reut's dich schon? — Natürlich! Morgen denkst du ja nicht mehr an mich. *(Fritz abwehrende Bewegung)* Gewiß, wenn du mich nicht siehst, denkst du nicht an mich.

FRITZ Aber was redst du denn?

CHRISTINE O ja, ich weiß es. Ich spür's ja.

FRITZ Wie kannst du dir das nur einbilden.

CHRISTINE Du selbst bist schuld daran. Weil du immer Geheimnisse vor mir hast!...Weil du mir gar nichts von dir erzählst. — Was tust du so den ganzen Tag?

FRITZ Aber Schatz, das ist ja sehr einfach. Ich geh' in Vorlesungen — zuweilen — dann geh' ich ins Kaffeehaus... dann les' ich...manchmal spiel' ich auch Klavier — dann plauder' ich mit dem oder jenem — dann mach' ich Besuche...das ist doch alles ganz belanglos. Es ist ja langweilig, davon zu reden. — Jetzt muß ich übrigens gehn, Kind...

CHRISTINE Jetzt schon —

FRITZ Dein Vater wird ja bald da sein.

CHRISTINE Noch lange nicht, Fritz. — Bleib noch — eine Minute — bleib noch —

FRITZ Und dann hab' ich...der Theodor erwartet mich... ich hab' mit ihm noch was zu sprechen.

CHRISTINE Heut?

FRITZ Gewiß heut.

CHRISTINE Wirst ihn morgen auch sehn!

FRITZ Ich bin morgen vielleicht gar nicht in Wien.

CHRISTINE Nicht in Wien? —

FRITZ *(ihre Ängstlichkeit bemerkend, ruhig — heiter)* Nun ja, das kommt ja vor? Ich fahr' übern Tag weg — oder auch über zwei, du Kind. —

CHRISTINE Wohin?

FRITZ Wohin!...Irgendwohin — Ach Gott, so mach' doch
kein solches Gesicht...Aufs Gut fahr' ich zu meinen
Eltern...na,...ist das auch unheimlich?

CHRISTINE Auch von denen, schau', erzählst du mir nie!

FRITZ Nein, was du für ein Kind bist...Du verstehst gar
nicht, wie schön das ist, daß wir so vollkommen mit uns
allein sind. Sag', spürst du denn das nicht?

CHRISTINE Nein, es ist gar nicht schön, daß du mir nie etwas
von dir erzählst...Schau', mich interessiert ja alles, was dich
angeht, ach ja...alles, — ich möcht' mehr von dir haben
als die eine Stunde am Abend, die wir manchmal beisammen
sind. Dann bist du ja wieder fort, und ich weiß gar nichts...
Da geht dann die ganze Nacht vorüber und ein ganzer Tag
mit den vielen Stunden — und nichts weiß ich. Darüber
bin ich oft so traurig.

FRITZ Warum bist du denn da traurig?

CHRISTINE Ja, weil ich dann so eine Sehnsucht nach dir hab',
als wenn du gar nicht in derselben Stadt, als wenn du ganz
wo anders wärst! Wie verschwunden bist du da für mich,
so weit weg...

FRITZ (*etwas ungeduldig*) Aber...

CHRISTINE Na schau', es ist ja wahr!...

FRITZ Komm daher, zu mir (*sie ist bei ihm*) Du weißt ja doch
nur eins, wie ich — daß du mich in *diesem* Augenblicke
liebst...(*Wie sie reden will*) Sprich nicht von Ewigkeit.
(*Mehr für sich*) Es gibt ja vielleicht Augenblicke, die einen
Duft von Ewigkeit um sich sprühen. —...Das ist die
einzige, die wir verstehen können, die einzige, die uns
gehört...(*Er küßt sie. — Pause. — Er steht auf. — Aus-
brechend*) O, wie schön ist es bei dir, wie schön!...(*Er
steht beim Fenster*) So weltfern ist man da, mitten unter den
vielen Häusern...so einsam komm' ich mir vor, so mit dir
allein...(*leise*) so geborgen...

CHRISTINE Wenn du immer so sprächst...da könnt' ich fast
glauben...

FRITZ Was denn, Kind?

CHRISTINE Daß du mich so lieb hast, wie ich's mir geträumt hab' — an dem Tag, wo du mir den ersten Kuß gegeben hast... erinnerst du dich daran?

FRITZ (*leidenschaftlich*) Ich *hab'* dich lieb! — (*Er umarmt sie; reißt sich los*) Aber jetzt laß mich fort —

CHRISTINE Reut's dich denn schon wieder, daß du mir's gesagt hast? Du bist ja frei, du bist ja frei — du kannst mich ja sitzen lassen, wann du willst,...Du hast mir nichts versprochen — und ich hab' nichts von dir verlangt...Was dann aus mir wird — es ist ja ganz einerlei — ich bin doch einmal glücklich gewesen, mehr will ich ja vom Leben nicht. Ich möchte nur, daß du das weißt und mir glaubst: Daß ich keinen lieb gehabt vor dir, und daß ich keinen lieb haben werde — wenn du mich einmal nimmer willst —

FRITZ (*mehr für sich*) Sag's nicht, sag's nicht — es klingt... zu schön...

Es klopft.

FRITZ (*schrickt zusammen*) Es wird Theodor sein...

CHRISTINE (*betroffen*) Er weiß, daß du bei mir bist —?

Christine, Fritz, Theodor tritt ein.

THEODOR Guten Abend. — Unverschämt,★ was?

CHRISTINE Haben Sie so wichtige Dinge mit ihm zu besprechen?

THEODOR Gewiß — und hab' ihn schon überall gesucht.

FRITZ (*leise*) Warum hast du nicht unten gewartet?

CHRISTINE Was flüsterst du ihm zu?

THEODOR (*absichtlich laut*) Warum ich nicht unten gewartet habe?...Ja, wenn ich bestimmt gewußt hätte, daß du da bist...Aber da ich das nicht habe riskieren können, unten zwei Stunden auf und ab zu spazieren...

FRITZ (*mit Beziehung*) Also...du fährst morgen mit mir?

THEODOR (*verstehend*) Stimmt...

FRITZ Das ist gescheit...

THEODOR Ich bin aber so gerannt, daß ich um die Erlaubnis bitten muß, mich auf zehn Sekunden niederzusetzen.

CHRISTINE Bitte sehr — (*macht sich beim Fenster zu schaffen*)

FRITZ (*leise*) Gibt's was Neues? — Hast du etwas über sie erfahren?

THEODOR (*leise zu Fritz*) Nein. Ich hol' dich nur da herunter,* weil du leichtsinnig bist. Wozu noch diese überflüssigen Aufregungen? Schlafen sollst du dich legen...Ruhe brauchst du!...(*Christine wieder bei ihnen*)

FRITZ Sag', findest du das Zimmer nicht wunderlieb?

THEODOR Ja, es ist sehr nett...(*Zu Christine*) Stecken Sie den ganzen Tag da zu Haus? — Es ist übrigens wirklich sehr wohnlich. Ein bißchen hoch für meinen Geschmack.

FRITZ Das find' ich grad so hübsch.

THEODOR Aber jetzt entführ' ich Ihnen den Fritz, wir müssen morgen früh aufstehn.

CHRISTINE Also du fährst wirklich weg?

THEODOR Er kommt wieder, Fräulein Christin'!

CHRISTINE Wirst du mir schreiben?

THEODOR Aber wenn er morgen wieder zurück ist —

CHRISTINE Ach, ich weiß, er fährt auf länger fort...

Fritz zuckt zusammen.

THEODOR (*der es bemerkt*) Muß man denn da gleich schreiben? Ich hätte Sie gar nicht für so sentimental gehalten...*Dich* will ich sagen — wir sind ja per Du...Also...gebt euch nur den Abschiedskuß, da ihr auf so lang...(*unterbricht sich*) Na, ich bin nicht da.

Fritz und Christine küssen einander.

THEODOR (*nimmt eine Zigarettentasche hervor und steckt eine Zigarette in den Mund, sucht in seiner Überziehertasche nach einem Streichholz. Wie er keines findet*) Sagen Sie, liebe Christine, haben Sie kein Zündholz?

CHRISTINE O ja, da sind welche! (*Auf ein Feuerzeug auf der Kommode deutend*)

THEODOR Da ist keins mehr. —

CHRISTINE Ich bring' Ihnen eins. (*Läuft rasch ins Nebenzimmer*)

FRITZ (*ihr nachsehend, zu Theodor*) O Gott, wie *lügen* solche Stunden!

THEODOR Na, was für Stunden denn?

FRITZ Jetzt bin ich nahe dran zu glauben, daß hier mein Glück wäre, daß dieses süße Mädel — (*er unterbricht sich*) aber diese Stunde ist eine große Lügnerin...

THEODOR Abgeschmacktes Zeug... Wie wirst du darüber lachen. —

FRITZ Dazu werd' ich wohl keine Zeit mehr haben.

CHRISTINE (*kommt zurück mit Zündhölzchen*) Hier haben Sie!

THEODOR Danke sehr... Also adieu. — (*Zu Fritz*) Na, was willst du denn noch? —

FRITZ (*sieht im Zimmer hin und her, als wollte er noch einmal alles in sich aufnehmen*) Da kann man sich kaum trennen.

CHRISTINE Geh, mach' dich nur lustig.

THEODOR (*stark*) Komm. — Adieu, Christine.

FRITZ Leb' wohl...

CHRISTINE Auf Wiedersehn! — (*Theodor und Fritz gehen*)

CHRISTINE (*bleibt beklommen stehen, dann geht sie bis zur Tür, die offensteht; halblaut*) Fritz...

FRITZ (*kommt noch einmal zurück und drückt sie an sein Herz*) Leb' wohl!...

Vorhang

DRITTER AKT

Dasselbe Zimmer wie im vorigen. Es ist um die Mittagsstunde.
Christine allein. Sie sitzt am Fenster; — näht; legt die Arbeit
wieder hin. Lina, die neunjährige Tochter Katharinens, tritt ein.

LINA Guten Tag, Fräul'n Christin'!

CHRISTINE (*sehr zerstreut*) Grüß' dich Gott, mein Kind, was willst denn?

LINA Die Mutter schickt mich, ob ich die Karten fürs Theater gleich mitnehmen darf. —

CHRISTINE Der Vater ist noch nicht zu Haus, Kind; willst warten?

LINA Nein, Fräul'n Christin', da komm' ich nach dem Essen wieder her.

CHRISTINE Schön. —

LINA (*schon gehend, wendet sich wieder um*) Und die Mutter laßt das Fräulein Christin' schön grüßen, und ob's noch Kopfweh hat?

CHRISTINE Nein, mein Kind.

LINA Adieu, Fräul'n Christin'!

CHRISTINE Adieu! —

Wie Lina hinausgeht, ist Mizi an der Tür.

LINA Guten Tag, Fräul'n Mizi.

MIZI Servus,* kleiner Fratz!*

Lina ab. Christine, Mizi.

CHRISTINE (*steht auf, wie Mizi kommt, ihr entgegen*) Also sind sie zurück?

MIZI Woher soll ich denn das wissen?

CHRISTINE Und du hast keinen Brief, nichts —?

MIZI Nein.

CHRISTINE Auch *du* hast keinen Brief?

MIZI Was sollen wir uns denn schreiben?

CHRISTINE Seit vorgestern sind sie fort!

MIZI Na ja, das ist ja nicht so lang! Deswegen muß man ja nicht solche Geschichten machen. Ich versteh' dich gar nicht... Wie du nur aussiehst. Du bist ja ganz verweint. Dein Vater muß dir ja was anmerken, wenn er nach Haus kommt.

CHRISTINE (*einfach*) Mein Vater weiß alles. —

MIZI (*fast erschrocken*) Was? —

CHRISTINE Ich hab' es ihm gesagt.

MIZI Das ist wieder einmal gescheit gewesen. Aber natürlich, dir sieht man ja auch gleich alles am Gesicht an. — Weiß er am End' auch, *wer's* ist?

CHRISTINE Ja.

MIZI Und hat er geschimpft? (*Christine schüttelt den Kopf*) Also was hat er denn gesagt? —

CHRISTINE Nichts... Er ist ganz still weggegangen, wie gewöhnlich. —

MIZI Und doch war's dumm, daß du was erzählt hast. Wirst schon sehn... Weißt, warum dein Vater nichts darüber geredet hat —? Weil er sich denkt, daß der Fritz dich heiraten wird.

CHRISTINE Warum sprichst du denn davon!

MIZI Weißt du, was ich glaub'?

CHRISTINE Was denn?

MIZI Daß die ganze Geschicht' mit der Reise ein Schwindel ist.

CHRISTINE Was?

MIZI Sie sind vielleicht gar nicht fort.

CHRISTINE Sie sind fort — ich weiß es. — Gestern Abend bin ich an seinem Hause vorbei, die Jalousien sind heruntergelassen; er ist nicht da. —

MIZI Das glaub' ich schon. Weg werden sie ja sein. — Aber zurückkommen werden sie halt nicht — zu uns wenigstens nicht. —

CHRISTINE (*angstvoll*) Du —

MIZI Na, es ist doch möglich ! —

CHRISTINE Das sagst du so ruhig —

MIZI Na ja — ob heut oder morgen — oder in einem halben Jahr, das kommt doch schon auf eins heraus.★

CHRISTINE Du weißt ja nicht, was du sprichst...Du kennst den Fritz nicht — er ist ja nicht so, wie du dir denkst, — neulich hab' ich's ja gesehn, wie er hier war, in dem Zimmer. Er stellt sich nur manchmal gleichgültig — aber er hat mich lieb...(*als würde sie Mizis Antwort erraten*) — Ja, ja — nicht für immer, ich weiß ja — aber auf einmal hört ja das nicht auf —!

MIZI Ich kenn' ja den Fritz nicht so genau.

CHRISTINE Er kommt zurück, der Theodor kommt auch zurück, gewiß ! (*Mizi: Geste, die ausdrückt: ist mir ziemlich gleichgültig*) Mizi...Tu mir was zulieb'.★

MIZI Sei doch nicht gar so aufgeregt — also was willst denn?

CHRISTINE Geh du zum Theodor, es ist ja ganz nah, schaust halt vorüber★...Du fragst bei ihm im Haus, ob er schon da ist, und wenn er nicht da ist, wird man im Haus vielleicht wissen, wann er kommt.

MIZI Ich werd' doch einem Mann nicht nachlaufen.

CHRISTINE Er braucht's ja gar nicht zu erfahren. Vielleicht triffst ihn zufällig. Jetzt ist bald ein Uhr; — jetzt geht er grad zum Speisen —

MIZI Warum gehst denn *du* nicht, dich im Haus vom Fritz erkundigen?

CHRISTINE Ich trau' mich nicht — Er kann das so nicht leiden...Und er ist ja sicher noch nicht da. Aber der Theodor ist vielleicht schon da und weiß, wann der Fritz kommt. Ich bitt' dich, Mizi !

MIZI Du bist manchmal so kindisch —

CHRISTINE Tu's mir zuliebe ! Geh hin ! Es ist ja doch nichts dabei.★—

MIZI Na, wenn dir soviel daran liegt, so geh' ich ja hin.
Aber nützen wird's nicht viel. Sie sind sicher noch nicht
da.

CHRISTINE Und du kommst gleich zurück...ja?...

MIZI Na ja, soll die Mutter halt mit dem Essen ein bissel
warten.

CHRISTINE Ich dank' dir, Mizi, du bist so gut...

MIZI Freilich bin ich gut; — jetzt sei aber du vernünftig...
ja?...also grüß' dich Gott!

CHRISTINE Ich dank' dir! —

Mizi geht. Christine, später Weiring.

*Christine allein. Sie macht Ordnung im Zimmer. Sie legt das
Nähzeug zusammen usw. Dann geht sie zum Fenster und sieht
hinaus. Nach einer Minute kommt Weiring herein, den sie
anfangs nicht sieht. Er ist in tiefer Erregung, betrachtet angstvoll
seine Tochter, die am Fenster steht.*

WEIRING Sie weiß noch nichts, sie weiß noch nichts... (*Er
bleibt an der Tür stehen und wagt keinen Schritt weiter zu
machen.*)

Christine wendet sich um, bemerkt ihn, fährt zusammen.

WEIRING (*versucht zu lächeln. Er tritt weiter ins Zimmer herein*)
Na Christin'... (*als riefe er sie zu sich*)

Christine auf ihn zu, als wollte sie vor ihm niedersinken.

WEIRING (*läßt es nicht zu*) Also...was glaubst du, Christin'?
Wir (*mit einem Entschluß*) wir werden's halt vergessen, was?
— (*Christine erhebt den Kopf*) Na ja...ich — und du!

CHRISTINE Vater, hast du mich denn heut früh nicht verstanden?...

WEIRING Ja, was willst denn, Christin'?...Ich muß dir doch
sagen, was ich drüber denk'! Nicht wahr? Na also...

CHRISTINE Vater, was soll das bedeuten?

WEIRING Komm her, mein Kind...hör' mir ruhig zu.
Schau', ich hab' dir ja auch ruhig zugehört, wie du mir's
erzählt hast. — Wir müssen ja —

CHRISTINE Ich bitt' dich, sprich nicht so zu mir, Vater...
wenn du jetzt darüber nachgedacht hast und einsiehst, daß
du mir nicht verzeihen kannst, so jag' mich davon — aber
sprich nicht so...

WEIRING Hör' mich nur ruhig an, Christin'! Du kannst ja
dann noch immer tun, was du willst...Schau', du bist ja
so jung, Christin'. — Hast denn noch nicht gedacht...
(*sehr zögernd*) daß das Ganze ein Irrtum sein könnt' —

CHRISTINE Warum sagst du mir das, Vater? — Ich weiß ja, was
ich getan hab' — und ich verlang' ja auch nichts — von dir
und von keinem Menschen auf der Welt, wenn's ein
Irrtum gewesen ist...Ich hab' dir ja gesagt, jag' mich
davon, aber...

WEIRING (*sie unterbrechend*) Wie kannst denn so reden...
Wenn's auch ein Irrtum war, ist denn da gleich eine
Ursach' zum Verzweifeltsein für so ein junges Geschöpf,
wie du eins bist? — Denk' doch nur, wie schön, wie
wunderschön das Leben ist. Denk' nur, an wie vielen
Dingen man sich freuen kann, wieviel Jugend, wieviel
Glück noch vor dir liegt...Schau', ich hab' doch nicht
mehr viel von der ganzen Welt, und sogar für mich ist das
Leben noch schön — und auf so viel Sachen kann ich mich
noch freuen. Wie du und ich zusammen sein werden — wie
wir uns das Leben einrichten wollen — du und ich...wie
du wieder — jetzt, wenn die schöne Zeit kommt, anfangen
wirst zu singen, und wie wir dann, wenn die Ferien da sind,
aufs Land hinausgehen werden ins Grüne, gleich auf den
ganzen Tag — ja — oh, so viele schöne Sachen gibt's... so
viel. — Es ist ja unsinnig, gleich alles aufzugeben, weil man
sein erstes Glück hingeben muß oder irgend was, das man
dafür gehalten hat —

CHRISTINE (*angstvoll*) Warum...muß ich's denn hingeben...?

WEIRING War's denn eins? Glaubst denn wirklich, Christin', daß du's deinem Vater erst heut hast sagen müssen? Ich hab's längst gewußt! — Und auch, daß du mir's sagen wirst, hab' ich gewußt. Nein, nie war's ein Glück für dich! ...Kenn' ich denn *die* Augen nicht? Da wären nicht so oft Tränen drin gewesen und die Wangen da wären nicht so blaß geworden, wenn du einen lieb gehabt hättest, der's verdient.

CHRISTINE Wie kannst du das...Was weißt du...Was hast du erfahren?

WEIRING Nichts, gar nichts...aber du hast mir ja selbst erzählt, was er ist...So ein junger Mensch — Was weiß denn der? — Hat denn der nur eine Ahnung von dem, was ihm so in den Schoß fällt* — weiß denn der den Unterschied von echt und unecht — und von deiner ganzen unsinnigen Lieb' — hat er denn von der was verstanden?

CHRISTINE (*immer angstvoller*) Du hast ihn...— Du warst bei ihm?

WEIRING Aber was fällt dir denn ein! Er ist ja weggefahren, nicht? Aber Christin', ich hab' doch noch meinen Verstand, ich hab' ja meine Augen im Kopf! Schau', Kind, vergiß drauf!* Vergiß drauf! Deine Zukunft liegt ja ganz wo anders! Du kannst, du wirst noch so glücklich werden, als du's verdienst. Du wirst auch einmal einen Menschen finden, der weiß, was er an dir hat —

Christine ist zur Kommode geeilt, ihren Hut zu nehmen.

Sehr rasch
{
WEIRING Was willst du denn? —
CHRISTINE Laß mich, ich will fort...
WEIRING Wohin willst du?
CHRISTINE Zu ihm...zu ihm...
WEIRING Aber was fällt dir denn ein...
}

CHRISTINE Du verschweigst mir irgend was — laß mich hin.—

WEIRING (*sie fest zurückhaltend*) So komm doch zur Besinnung, Kind. Er ist ja gar nicht da...Er ist ja vielleicht auf sehr lange fortgereist...Bleib doch bei mir, was willst du dort ...Morgen oder am Abend schon geh' ich mit dir hin. So kannst du ja nicht auf die Straße...weißt du denn, wie du ausschaust...

CHRISTINE Du willst mit mir hingehn —?

WEIRING Ich versprech' dir's. — Nur jetzt bleib schön da, setz' dich nieder und komm wieder zu dir. Man muß ja beinah lachen, wenn man dich so anschaut...für nichts und wieder nichts.* Hältst du's denn bei deinem Vater gar nimmer aus?

CHRISTINE Was *weißt* du?

WEIRING (*immer ratloser*) Was soll ich denn wissen...ich weiß, daß ich dich lieb hab', daß du mein einziges Kind bist, daß du bei mir bleiben sollst — daß du immer bei mir hättest bleiben sollen —

CHRISTINE Genug — — — laß mich — (*Sie reißt sich von ihm los, macht die Tür auf, in der Mizi erscheint*)

Weiring, Christine, Mizi, dann Theodor.

MIZI (*schreit leise auf, wie Christine ihr entgegenstürzt*) Was erschreckst mich denn so...

Christine weicht zurück, wie sie Theodor sieht. Theodor in der Tür stehenbleibend, er ist schwarz gekleidet.

CHRISTINE Was...was ist denn...(*Sie erhält keine Antwort; sie sieht Theodor ins Gesicht, der ihren Blick vermeiden will*) Wo ist er, wo ist er?...(*In höchster Angst — sie erhält keine Antwort, sieht die verlegenen und traurigen Gesichter*) Wo ist er? (*Zu Theodor*) So sprechen Sie doch!

Theodor versucht zu reden.

CHRISTINE (*sieht ihn groß an, sieht um sich, begreift den Ausdruck der Mienen und stößt, nachdem in ihrem Gesicht sich das*

*allmähliche Verstehen der Wahrheit kundgegeben, einen
furchtbaren Schrei aus)* Theodor!...Er ist...

Theodor nickt.

CHRISTINE *(sie greift sich an die Stirn, sie begreift es nicht, sie geht
auf Theodor zu, nimmt ihn beim Arm — wie wahnsinnig)...*
Er ist...tot...?...*(als frage sie sich selbst)*

WEIRING Mein Kind —

CHRISTINE *(wehrt ihn ab)* So sprechen Sie doch, Theodor.

THEODOR Sie wissen alles.

CHRISTINE Ich weiß nichts...Ich weiß nicht, was geschehen
ist...glauben Sie...ich kann jetzt nicht alles hören...wie
ist das gekommen...Vater...Theodor...*(zu Mizi)* Du
weißt's auch...

THEODOR Ein unglücklicher Zufall —

CHRISTINE Was, was?

THEODOR Er ist gefallen.

CHRISTINE Was heißt das: Er ist...

THEODOR Er ist im Duell gefallen.

CHRISTINE *(Aufschrei)* Ah!...*(Sie droht umzusinken, Weiring
hält sie auf, gibt dem Theodor ein Zeichen, er möge jetzt
gehen)*

CHRISTINE *(merkt es, faßt Theodor)* Bleiben Sie...Alles muß
ich wissen. Meinen Sie, Sie dürfen mir jetzt noch etwas
verschweigen...

THEODOR Was wollen Sie weiter wissen?

CHRISTINE Warum — warum hat er sich duelliert?

THEODOR Ich kenne den Grund nicht.

CHRISTINE Mit wem, mit wem —? Wer ihn umgebracht hat,
das werden Sie ja doch wohl wissen?*...Nun, nun —

THEODOR Niemand, den Sie kennen...

CHRISTINE Wer, wer?

MIZI Christin'!

CHRISTINE Wer? Sag' du mir's *(zu Mizi)*...Du, Vater
(keine Antwort. Sie will fort. Weiring hält sie zurück) Ich

werde doch erfahren dürfen, wer ihn umgebracht hat, und
wofür —!

THEODOR Es war...ein nichtiger Grund...

CHRISTINE Sie sagen nicht die Wahrheit...Warum, warum...

THEODOR Liebe Christine...

CHRISTINE (*als wollte sie unterbrechen, geht sie auf ihn zu —
spricht anfangs nicht, sieht ihn an und schreit dann plötzlich*)
Wegen einer Frau?

THEODOR Nein —

CHRISTINE Ja — für eine Frau.. (*zu Mizi gewendet*) für *diese*
Frau — für diese Frau, die er *geliebt* hat — Und ihr Mann —
ja, ja, ihr Mann hat ihn umgebracht...Und ich...was bin
denn ich? Was bin denn ich ihm gewesen...? Theodor...
haben Sie denn gar nichts für mich...hat er nichts nieder-
geschrieben...? Hat er Ihnen kein Wort für mich gesagt
...? Haben Sie nichts gefunden...einen Brief...einen
Zettel...(*Theodor schüttelt den Kopf*) Und an dem Abend
...wo er da war, wo Sie ihn da abgeholt haben...da hat
er's schon gewußt, da hat er gewußt, daß er mich vielleicht
nie mehr...Und er ist von da weggegangen, um sich für
eine andere umbringen zu lassen — Nein, nein — es ist ja
nicht möglich...hat er denn nicht gewußt, was er für mich
ist...hat er...

THEODOR Er hat es gewußt. — Am letzten Morgen, wie wir
hinausgefahren sind...hat er auch von Ihnen gesprochen.

CHRISTINE *Auch* von mir hat er gesprochen! Auch von mir!
Und von was denn noch? Von wieviel andern Leuten, von
wieviel anderen Sachen, die ihm grad so viel gewesen sind
wie ich? — Von mir auch! Oh Gott!...Und von seinem
Vater und von seiner Mutter und von seinen Freunden und
von seinem Zimmer und vom Frühling und von der Stadt
und von allem, von allem, was so mit dazu gehört hat zu
seinem Leben★ und was er grad so hat verlassen müssen wie
mich...von allem hat er mit Ihnen gesprochen...und *auch*
von mir...

THEODOR (*bewegt*) Er hat Sie gewiß lieb gehabt.

CHRISTINE Lieb! — Er? — Ich bin ihm nichts gewesen als ein
Zeitvertreib — und für eine andere ist er gestorben —!
Und ich — hab' ihn angebetet! — Hat er denn das nicht
gewußt?...Daß ich ihm alles gegeben hab', was ich ihm
hab' geben können, daß ich für ihn gestorben wär' — daß
er mein Herrgott gewesen ist und meine Seligkeit — hat er
das gar nicht bemerkt? Er hat von mir fortgehen können,
mit einem Lächeln, fortgehen aus diesem Zimmer und sich
für eine andere niederschießen lassen...Vater, Vater —
verstehst du das?

WEIRING Christin'! (*Bei ihr*)

THEODOR (*zu Mizi*) Schau' Kind, das hättest du mir ersparen
können...(*Mizi sieht ihn bös' an*) Ich hab' genug Aufregungen gehabt...diese letzten Tage...

CHRISTINE (*mit plötzlichem Entschluß*) Theodor, führen Sie
mich hin...ich will ihn sehn — noch einmal will ich ihn
sehn — das Gesicht — Theodor, führen Sie mich hin.

THEODOR (*wehrt ab, zögernd*) Nein...

CHRISTINE Warum denn nein? — Das können Sie mir doch
nicht verweigern? — Sehn werd' ich ihn doch noch einmal
dürfen —?*

THEODOR Es ist zu spät.

CHRISTINE Zu spät? — Seine Leiche zu sehn...ist es zu spät?
Ja...ja — (*sie begreift nicht*)

THEODOR Heut früh hat man ihn begraben.

CHRISTINE (*mit dem höchsten Ausdruck des Entsetzens*) Begraben
...Und ich hab's nicht gewußt? Erschossen haben sie ihn
...und in den Sarg haben sie ihn gelegt und hinausgetragen
haben sie ihn und in die Erde haben sie ihn eingegraben —
und ich hab' ihn nicht noch einmal sehen dürfen? — Zwei
Tage lang ist er tot — und Sie sind nicht gekommen und
haben's mir gesagt —?

THEODOR (*sehr bewegt*) Ich hab' in diesen zwei Tagen...Sie
können nicht ahnen, was alles in diesen zwei Tagen...

Bedenken Sie, daß ich auch die Verpflichtung hatte, seine
Eltern zu benachrichtigen — ich mußte an sehr viel denken
— und dazu noch meine Gemütsstimmung...

CHRISTINE Ihre...

THEODOR Auch hat das...es hat in aller Stille stattgefunden★
...Nur die allernächsten Verwandten und Freunde...

CHRISTINE Nur die nächsten —! Und ich —?...Was bin
denn ich?...

MIZI Das hätten die dort auch gefragt.

CHRISTINE Was bin denn ich —? Weniger als alle andern —?
Weniger als seine Verwandten, weniger als...Sie?

WEIRING Mein Kind, mein Kind. Zu mir komm, zu mir...
(*Er umfängt sie. Zu Theodor*) Gehen Sie...lassen Sie mich
mit ihr allein!

THEODOR Ich bin sehr...(*mit Tränen in der Stimme*) Ich hab'
das nicht geahnt...

CHRISTINE Was nicht geahnt? — Daß ich ihn *geliebt* habe? —
(*Weiring zieht sie an sich; Theodor sieht vor sich hin. Mizi
steht bei Christine*)

CHRISTINE (*sich von Weiring losmachend*) Führen Sie mich zu
seinem Grab!

WEIRING Nein, nein —

MIZI Geh nicht hin, Christin' —

THEODOR Christine...später...morgen...bis Sie ruhiger
geworden sind —

CHRISTINE Morgen? — Wenn ich ruhiger sein werde?! —
Und in einem Monat ganz getröstet, wie? — Und in einem
halben Jahr kann ich wieder lachen, was —? (*Auflachend*)
Und wann kommt denn der nächste Liebhaber?...

WEIRING Christin'...

CHRISTINE Bleiben Sie nur...ich find' den Weg auch allein...

⎰WEIRING Geh nicht.
⎱MIZI Geh nicht.

CHRISTINE Es ist sogar besser...wenn ich...Laßt mich, laßt
mich.

WEIRING Christin' bleib...

MIZI Geh nicht hin! — Vielleicht findest du grad die andere dort — beten.

CHRISTINE (*vor sich hin, starren Blickes*) Ich will dort nicht beten...nein...(*Sie stürzt ab...die anderen anfangs sprachlos*)

WEIRING Eilen Sie ihr nach.

Theodor und Mizi ihr nach.

WEIRING Ich kann nicht, ich kann nicht...(*Er geht mühsam von der Tür bis zum Fenster*) Was will sie...was will sie... (*Er sieht durchs Fenster ins Leere*) Sie kommt nicht wieder — sie kommt nicht wieder! (*Er sinkt laut schluchzend zu Boden*)

Vorhang

LEUTNANT GUSTL

Wie lange wird denn das noch dauern? Ich muß auf die Uhr
schauen...schickt sich wahrscheinlich nicht in einem so
ernsten Konzert. Aber wer sieht's denn? Wenn's einer sieht,
so paßt er gerade so wenig auf, wie ich, und vor dem brauch'
ich mich nicht zu genieren*...Erst viertel auf zehn?...Mir
kommt vor, ich sitz' schon drei Stunden in dem Konzert. Ich
bin's halt nicht gewohnt...Was ist es denn eigentlich? Ich
muß das Programm anschauen...Ja, richtig: Oratorium? Ich
hab' gemeint: Messe. Solche Sachen gehören doch nur in die
Kirche. Die Kirche hat auch das Gute, daß man jeden
Augenblick fortgehen kann. — Wenn ich wenigstens einen
Ecksitz hätt'! — Also Geduld, Geduld! Auch Oratorien
nehmen ein End'! Vielleicht ist es sehr schön, und ich bin nur
nicht in der Laune. Woher sollt' mir auch die Laune
kommen? Wenn ich denke, daß ich hergekommen bin, um
mich zu zerstreuen...Hätt' ich die Karte lieber dem Benedek
geschenkt, dem machen solche Sachen Spaß; er spielt ja selber
Violine. Aber da wär' der Kopetzky beleidigt gewesen. Es
war ja sehr lieb von ihm, wenigstens gut gemeint. Ein braver
Kerl, der Kopetzky! Der einzige, auf den man sich verlassen
kann...Seine Schwester singt ja mit, unter denen da oben.
Mindestens hundert Jungfrauen, alle schwarz gekleidet; wie
soll ich sie da herausfinden? Weil sie mitsingt, hat er auch das
Billett gehabt, der Kopetzky...Warum ist er denn nicht
selber gegangen? — Sie singen übrigens sehr schön. Es ist
sehr erhebend — sicher! Bravo! bravo!...Ja, applaudieren
wir mit. Der neben mir klatscht wie verrückt. Ob's ihm
wirklich so gut gefällt? — Das Mädel drüben in der Loge ist
sehr hübsch. Sieht sie mich an oder den Herrn dort mit
dem blonden Vollbart?...Ah, ein Solo! Wer ist das?
Alt: Fräulein Walker, Sopran: Fräulein Michalek...das ist

wahrscheinlich Sopran…Lang' war ich schon nicht in der Oper.
In der Oper unterhalt' ich mich immer, auch wenn's langweilig
ist. Übermorgen könnt' ich eigentlich wieder hineingeh'n,
zur 'Traviata'. Ja, übermorgen bin ich vielleicht schon eine
tote Leiche! Ah, Unsinn, das glaub' ich selber nicht!
Warten S' nur, Herr Doktor, Ihnen wird's vergeh'n, solche
Bemerkungen zu machen! Das Nasenspitzel hau' ich Ihnen
herunter…

Wenn ich die in der Loge nur genau sehen könnt'! Ich
möcht' mir den Operngucker von dem Herrn neben mir
ausleih'n, aber der frißt mich ja auf, wenn ich ihn in seiner
Andacht stör'…In welcher Gegend die Schwester vom
Kopetzky steht? Ob ich sie erkennen möcht'?* Ich hab' sie ja
nur zwei- oder dreimal gesehen, das letztemal im Offiziers-
kasino…Ob das lauter anständige Mädeln sind, alle hundert?
O jeh!…'Unter Mitwirkung des Singvereins'! — Sing-
verein…komisch! Ich hab' mir darunter eigentlich immer
so was Ähnliches vorgestellt, wie die Wiener Tanzsängerin-
nen, das heißt, ich hab' schon gewußt, daß es was anderes ist!
…Schöne Erinnerungen! Damals beim 'Grünen Tor'…
Wie hat sie nur geheißen? Und dann hat sie mir einmal eine
Ansichtskarte aus Belgrad geschickt…auch eine schöne
Gegend! — Der Kopetzky hat's gut, der sitzt jetzt längst im
Wirtshaus und raucht seine Virginia!*…

Was guckt mich denn der Kerl dort immer an? Mir
scheint, der merkt, daß ich mich langweil' und nicht herg'hör'*
…Ich möcht' Ihnen raten, ein etwas weniger freches Gesicht
zu machen, sonst stell' ich Sie mir* nachher im Foyer! —
Schaut schon weg!…Daß sie alle vor meinem Blick so eine
Angst hab'n…'Du hast die schönsten Augen, die mir je
vorgekommen sind!' hat neulich die Steffi gesagt…O Steffi,
Steffi, Steffi! — Die Steffi ist eigentlich schuld, daß ich dasitz'
und mir stundenlang vorlamentieren* lassen muß. — Ah, diese
ewige Abschreiberei* von der Steffi geht mir wirklich schon
auf die Nerven! Wie schön hätt' der heutige Abend sein

können. Ich hätt' große Lust, das Brieferl von der Steffi zu
lesen. Da hab' ich's ja. Aber wenn ich die Brieftasche
herausnehm', frißt mich der Kerl daneben auf! — Ich weiß
ja, was drinsteht...sie kann nicht kommen, weil sie mit 'ihm'
nachtmahlen gehen muß...Ah, das war komisch vor acht
Tagen, wie sie mit ihm in der Gartenbaugesellschaft* gewesen
ist, und ich vis-à-vis mit'm Kopetzky; und sie hat mir immer
die Zeichen gemacht mit den Augerln, die verabredeten. Er
hat nichts gemerkt — unglaublich! Muß übrigens ein Jud'
sein! Freilich, in einer Bank ist er, und der schwarze
Schnurrbart...Reserveleutnant soll er auch sein! Na, in mein
Regiment sollt' er nicht zur Waffenübung* kommen! Überhaupt, daß sie noch immer so viel Juden zu Offizieren machen
— da pfeif' ich auf'n ganzen Antisemitismus!* Neulich in der
Gesellschaft, wo die G'schicht' mit dem Doktor passiert ist bei
den Mannheimers...die Mannheimer selber sollen ja auch
Juden sein, getauft natürlich...denen merkt man's aber gar
nicht an — besonders die Frau...so blond, bildhübsch die
Figur...War sehr amüsant im ganzen. Famoses Essen, großartige Zigarren...Na ja, wer hat's Geld?...

Bravo, bravo! Jetzt wird's doch bald aus sein? — Ja, jetzt
steht die ganze G'sellschaft da droben auf...sieht sehr gut aus
— imposant! — Orgel auch?...Orgel hab' ich sehr gern...
So, das laß' ich mir g'fall'n* — sehr schön! Es ist wirklich wahr,
man sollt' öfter in Konzerte gehen...Wunderschön ist's
g'wesen, werd' ich dem Kopetzky sagen...Werd' ich ihn
heut' im Kaffeehaus treffen? — Ah, ich hab' gar keine Lust,
ins Kaffeehaus zu geh'n; hab' mich gestern so gegiftet!*
Hundertsechzig Gulden auf einem Sitz* verspielt — zu dumm!
Und wer hat alles gewonnen? Der Ballert, grad' der, der's
nicht notwendig hat...Der Ballert ist eigentlich schuld, daß
ich in das blöde Konzert hab' geh'n müssen...Na ja, sonst
hätt' ich heut' wieder spielen können, vielleicht doch was
zurückgewonnen. Aber es ist ganz gut, daß ich mir selber das
Ehrenwort gegeben hab', einen Monat lang keine Karte

anzurühren...Die Mama wird wieder ein G'sicht machen, wenn sie meinen Brief bekommt! — Ah, sie soll zum Onkel geh'n, der hat Geld wie Mist; auf die paar hundert Gulden kommt's ihm nicht an. Wenn ich's nur durchsetzen könnt', daß er mir eine regelmäßige Sustentation* gibt...aber nein, um jeden Kreuzer muß man extra betteln. Dann heißt's wieder: Im vorigen Jahr war die Ernte schlecht!...Ob ich heuer* im Sommer wieder zum Onkel fahren soll auf vierzehn Tag'? Eigentlich langweilt man sich dort zum Sterben...Wenn ich die...wie hat sie nur geheißen?...Es ist merkwürdig, ich kann mir keinen Namen merken!...Ah, ja: Etelka!...Kein Wort deutsch hat sie verstanden, aber das war auch nicht notwendig...hab' gar nichts zu reden brauchen!...Ja, es wird ganz gut sein, vierzehn Tage Landluft und vierzehn Nächt' Etelka oder sonstwer...Aber acht Tag' sollt' ich doch auch wieder beim Papa und bei der Mama sein...Schlecht hat sie ausg'seh'n heuer zu Weihnachten...Na, jetzt wird die Kränkung schon überwunden sein. Ich an ihrer Stelle wär' froh, daß der Papa in Pension gegangen ist. — Und die Klara wird schon noch einen Mann kriegen...Der Onkel kann schon was hergeben...Achtundzwanzig Jahr, das ist doch nicht so alt...Die Steffi ist sicher nicht jünger...Aber es ist merkwürdig: *die* Frauenzimmer erhalten sich länger jung. Wenn man so bedenkt: die Maretti neulich in der 'Madame Sans-Gêne'* — siebenunddreißig Jahr ist sie sicher, und sieht aus...Na, ich hätt' nicht Nein g'sagt! — Schad', daß sie mich nicht g'fragt hat...

Heiß wird's! Noch immer nicht aus? Ah, ich freu' mich so auf die frische Luft! Werd' ein bißl spazieren geh'n, übern Ring*...Heut' heißt's: früh ins Bett, morgen nachmittag frisch sein! Komisch, wie wenig ich daran denk', so egal ist mir das! Das erstemal hat's mich doch ein bißl aufgeregt. Nicht, daß ich Angst g'habt hätt'; aber nervös bin ich gewesen in der Nacht vorher...Freilich, der Oberleutnant Bisanz war ein ernster Gegner. — Und doch, nichts ist mir g'scheh'n!...

Auch schon anderthalb Jahr her. Wie die Zeit vergeht! Und wenn mir der Bisanz nichts getan hat, der Doktor wird mir schon gewiß nichts tun! Obzwar, gerade diese ungeschulten Fechter sind manchmal die gefährlichsten. Der Doschintzky hat mir erzählt, daß ihn ein Kerl, der das erstemal einen Säbel in der Hand gehabt hat, auf ein Haar abgestochen hätt';★ und der Doschintzky ist heut Fechtlehrer bei der Landwehr.★ Freilich — ob er damals schon so viel können hat★...Das Wichtigste ist: kaltes Blut. Nicht einmal einen rechten Zorn hab' ich mehr in mir, und es war doch eine Frechheit — unglaublich! Sicher hätt' er sich's nicht getraut, wenn er nicht Champagner getrunken hätt' vorher...So eine Frechheit! Gewiß ein Sozialist! Die Rechtsverdreher★ sind doch heutzutag' alle Sozialisten! Eine Bande...am liebsten möchten sie gleich 's ganze Militär abschaffen; aber wer ihnen dann helfen möcht', wenn die Chinesen über die kommen, daran denken sie nicht. Blödisten! — Man muß gelegentlich ein Exempel statuieren.★ Ganz recht hab' ich g'habt. Ich bin froh, daß ich ihn nimmer auslassen hab'★ nach der Bemerkung. Wenn ich dran denk', werd' ich ganz wild! Aber ich hab' mich famos benommen; der Oberst sagt auch, es war absolut korrekt. Wird mir überhaupt nützen, die Sache. Ich kenn' manche, die den Burschen hätten durchschlüpfen lassen. Der Müller sicher, der wär' wieder objektiv gewesen oder so was. Mit dem Objektivsein hat sich noch jeder blamiert★...'Herr Leutnant!' ...schon die Art, wie er 'Herr Leutnant' gesagt hat, war unverschämt!...'Sie werden mir doch zugeben müssen'... — Wie sind wir denn nur d'rauf gekommen? Wieso hab' ich mich mit dem Sozialisten in ein Gespräch eingelassen? Wie hat's denn nur angefangen?...Mir scheint, die schwarze Frau, die ich zum Büfett geführt hab', ist auch dabei gewesen...und dann dieser junge Mensch, der die Jagdbilder malt — wie heißt er denn nur?...Meiner Seel', der ist an der ganzen Geschichte schuld gewesen! Der hat von den Manövern geredet; und dann erst ist dieser Doktor dazugekommen und

hat irgendwas g'sagt, was mir nicht gepaßt hat, von Kriegs-
spielerei oder so was — aber wo ich noch nichts hab' reden
können...Ja, und dann ist von den Kadettenschulen gesprochen worden...ja, so war's...und ich hab' von einem
patriotischen Fest erzählt...und dann hat der Doktor gesagt
— nicht gleich, aber aus dem Fest hat es sich entwickelt —
'Herr Leutnant, Sie werden mir doch zugeben,* daß nicht alle
Ihre Kameraden zum Militär gegangen sind, ausschließlich um
das Vaterland zu verteidigen!' So eine Frechheit! Das wagt
so ein Mensch einem Offizier ins Gesicht zu sagen! Wenn ich
mich nur erinnern könnt', was ich d'rauf geantwortet hab'?
...Ah ja, etwas von Leuten, die sich in Dinge dreinmengen,*
von denen sie nichts versteh'n...Ja, richtig...und dann war
einer da, der hat die Sache gütlich beilegen wollen, ein älterer
Herr mit einem Stockschnupfen...Aber ich war zu wütend!
Der Doktor hat das absolut in dem Ton gesagt, als wenn er
direkt mich gemeint hätt'. Er hätt' nur noch sagen müssen,
daß sie mich aus dem Gymnasium hinausg'schmissen haben,
und daß ich deswegen in die Kadettenschul' gesteckt worden
bin...Die Leut' können eben unserein'n nicht versteh'n, sie
sind zu dumm dazu...Wenn ich mich so erinner', wie ich das
erstemal den Rock* angehabt hab' so was erlebt eben nicht ein
jeder...Im vorigen Jahr bei den Manövern — ich hätt' was
drum gegeben, wenn's plötzlich Ernst gewesen wär'...Und
der Mirovic hat mir g'sagt, es ist ihm ebenso gegangen. Und
dann, wie Seine Hoheit die Front abgeritten sind,* und die
Ansprache vom Obersten — da muß einer schon ein ordent-
licher Lump sein, wenn ihm das Herz nicht höher schlägt...
Und da kommt so ein Tintenfisch* daher, der sein Lebtag
nichts getan hat, als hinter den Büchern gesessen, und erlaubt
sich eine freche Bemerkung!...Ah, wart' nur, mein Lieber
— bis zur Kampfunfähigkeit*...jawohl, du sollst so kampf-
unfähig werden...

Ja, was ist denn? Jetzt muß es doch bald aus sein?...'Ihr,
seine Engel, lobet den Herrn'... — Freilich, das ist der

Schlußchor...Wunderschön, da kann man gar nichts sagen. Wunderschön! — Jetzt hab' ich ganz die aus der Loge vergessen, die früher zu kokettieren angefangen hat. Wo ist sie denn?...Schon fortgegangen...Die dort scheint auch sehr nett zu sein...Zu dumm, daß ich keinen Operngucker bei mir hab'! Der Brunnthaler ist ganz gescheit, der hat sein Glas immer im Kaffeehaus bei der Kassa liegen, da kann einem nichts g'scheh'n...Wenn sich die Kleine da vor mir nur *ein*mal umdreh'n möcht'! So brav sitzt s' alleweil da. Das neben ihr ist sicher die Mama. — Ob ich nicht doch einmal ernstlich ans Heiraten denken soll? Der Willy war nicht älter als ich, wie er hineingesprungen ist. Hat schon was für sich, so immer gleich ein hübsches Weiberl zu Haus vorrätig zu haben...Zu dumm, daß die Steffi grad heut' keine Zeit hat! Wenn ich wenigstens wüßte, wo sie ist, möcht' ich mich wieder vis-à-vis von ihr hinsetzen. Das wär' eine schöne G'schicht', wenn ihr der draufkommen möcht', da hätt' *ich* sie am Hals...Wenn ich so denk', was dem Fließ sein Verhältnis mit der Winterfeld kostet!* Und dabei betrügt sie ihn hinten und vorn. Das nimmt noch einmal ein Ende mit Schrecken* ...Bravo, bravo! Ah, aus!...So, das tut wohl, aufsteh'n können, sich rühren...Na, vielleicht! Wie lang' wird der da noch brauchen, um sein Glas ins Futteral zu stecken?

'Pardon, pardon, wollen mich nicht hinauslassen?'

Ist das ein Gedränge! Lassen wir die Leut' lieber vorbeipassieren*...Elegante Person...ob das echte Brillanten sind?... Die da ist nett...Wie sie mich anschaut!...O ja, mein Fräulein, ich möcht' schon!...O, die Nase! — Jüdin...Noch eine...Es ist doch fabelhaft, da sind auch die Hälfte Juden... nicht einmal ein Oratorium kann man mehr in Ruhe genießen ...So, jetzt schließen wir uns an...Warum drängt denn der Idiot hinter mir? Das werd' ich ihm abgewöhnen...Ah, ein älterer Herr!...Wer grüßt mich denn dort von drüben?... Habe die Ehre,* habe die Ehre! Keine Ahnung hab' ich, wer das ist...das Einfachste wär', ich ging gleich zum Leidinger

hinüber nachtmahlen...oder soll ich in die Gartenbaugesellschaft? Am End' ist die Steffi auch dort? Warum hat sie mir
eigentlich nicht geschrieben, wohin sie mit ihm geht? Sie
wird's selber noch nicht gewußt haben. Eigentlich schrecklich, so eine abhängige Existenz...Armes Ding! — So, da ist
der Ausgang...Ah, die ist aber bildschön! Ganz allein? Wie
sie mich anlacht. Das wär' eine Idee, der geh' ich nach!...So,
jetzt die Treppen hinunter...Oh, ein Major von Fünfundneunzig*...Sehr liebenswürdig hat er gedankt...Bin doch
nicht der einzige Offizier hiern* gewesen...Wo ist denn das
hübsche Mädel? Ah, dort...am Geländer steht sie...So,
jetzt heißt's noch zur Garderobe...Daß mir die Kleine nicht
auskommt*...Hat ihm schon!* So ein elender Fratz! Laßt
sich da von einem Herrn abholen, und jetzt lacht sie noch auf
mich herüber! — Es ist doch keine was wert...Herrgott, ist
das ein Gedränge bei der Garderobe!...Warten wir lieber
noch ein bissel...So! Ob der Blödist meine Nummer nehmen
möcht'?...

'Sie, zweihundertvierundzwanzig! Da hängt er! Na,
hab'n Sie keine Augen? Da hängt er! Na, Gott sei Dank!...
Also bitte!'...Der Dicke da verstellt einem schier die ganze
Garderobe...'Bitte sehr!'...

'Geduld, Geduld!'

Was sagt der Kerl?

'Nur ein bissel Geduld!'

Dem muß ich doch antworten...'Machen Sie doch Platz!'

'Na, Sie werden's auch nicht versäumen!'

Was sagt er da? Sagt er das zu mir? Das ist doch stark! Das
darf ich mir nicht gefallen lassen! 'Ruhig!'

'Was meinen Sie?'

Ah, so ein Ton? Da hört sich doch alles auf!*

'Stoßen Sie nicht!'

'Sie, halten Sie das Maul!' Das hätt' ich nicht sagen sollen,
ich war zu grob...Na, jetzt ist's schon g'scheh'n!

'Wie meinen?'*

Jetzt dreht er sich um...Den kenn' ich ja! — Donnerwetter, das ist ja der Bäckermeister, der immer ins Kaffeehaus
kommt...Was macht denn der da? Hat sicher auch eine
Tochter oder so was bei der Singakademie...Ja, was ist denn
das? Ja, was macht er denn? Mir scheint gar...ja, meiner
Seel', er hat den Griff von meinem Säbel in der Hand...Ja, ist
der Kerl verrückt?...'Sie Herr...'

'Sie, Herr Leutnant, sein S' jetzt ganz stad.'*

Was sagt er da? Um Gottes willen, es hat's doch keiner
gehört? Nein, er red't ganz leise...Ja, warum laßt er denn
meinen Säbel net aus?...Herrgott noch einmal...Ah, da
heißt's rabiat sein*...ich bring' seine Hand vom Griff nicht
weg...nur keinen Skandal jetzt!...Ist nicht am End' der
Major hinter mir?...Bemerkt's nur niemand, daß er den
Griff von meinem Säbel hält? Er red't ja zu mir! Was red't
er denn?

'Herr Leutnant, wenn Sie das geringste Aufsehen machen,
so zieh' ich den Säbel aus der Scheide, zerbrech' ihn und schick'
die Stück' an Ihr Regimentskommando. Versteh'n Sie mich,
Sie dummer Bub?'

Was hat er g'sagt? Mir scheint, ich träum'! Red't er
wirklich zu mir? Ich sollt' was antworten...Aber der Kerl
macht ja Ernst — der zieht wirklich den Säbel heraus. Herrgott — er tut's!...Ich spür's, er reißt schon dran. Was red't er
denn?...Um Gottes willen, nur kein' Skandal — — Was
red't er denn noch immer?

'Aber ich will Ihnen die Karriere nicht verderben...Also,
schön brav sein!...So, hab'n S' keine Angst, 's hat niemand
was gehört...es ist schon alles gut...so! Und damit keiner
glaubt, daß wir uns gestritten haben, werd' ich jetzt sehr
freundlich mit Ihnen sein! — Habe die Ehre, Herr Leutnant,
hat mich sehr gefreut — habe die Ehre.'

Um Gottes willen, hab' ich geträumt?...Hat er das
wirklich gesagt?...Wo ist er denn?...Da geht er...Ich
müßt' ja den Säbel ziehen und ihn zusammenhauen — — Um

Gottes willen, es hat's doch niemand gehört?...Nein, er hat
ja nur ganz leise geredet, mir ins Ohr...Warum geh' ich
denn nicht hin und hau' ihm den Schädel auseinander?...
Nein, es geht ja nicht, es geht ja nicht...gleich hätt' ich's tun
müssen...Warum hab' ich's denn nicht gleich getan?...Ich
hab's ja nicht können...er hat ja den Griff nicht auslassen,* und
er ist zehnmal stärker als ich...Wenn ich noch ein Wort
gesagt hätt', hätt' er mir wirklich den Säbel zerbrochen...Ich
muß ja noch froh sein, daß er nicht laut geredet hat! Wenn's
ein Mensch gehört hätt', so müßt' ich mich ja *stante pede** erschießen...Vielleicht ist es doch ein Traum gewesen...
Warum schaut mich denn der Herr dort an der Säule so an? —
hat der am End' was gehört?...Ich werd' ihn fragen...
Fragen? — Ich bin ja verrückt! — Wie schau' ich denn aus?
— Merkt man mir was an? — Ich muß ganz blaß sein. — Wo
ist der Hund?...Ich muß ihn umbringen!...Fort ist er...
Überhaupt schon ganz leer...Wo ist denn mein Mantel?...
Ich hab' ihn ja schon angezogen...Ich hab's gar nicht
gemerkt...Wer hat mir denn geholfen?...Ah, der da...
dem muß ich ein Sechserl* geben...So!...Aber was ist denn
das? Ist es denn wirklich gescheh'n? Hat wirklich einer so zu
mir geredet? Hat mir wirklich einer 'dummer Bub' gesagt?
Und ich hab' ihn nicht auf der Stelle zusammengehauen?...
Aber ich hab' ja nicht können...er hat ja eine Faust gehabt
wie Eisen...ich bin ja dagestanden wie angenagelt...Nein,
ich muß den Verstand verloren gehabt haben, sonst hätt' ich
mit der anderen Hand...Aber da hätt' er ja meinen Säbel
herausgezogen und zerbrochen, und aus wär's gewesen —
alles wär' aus gewesen! Und nachher, wie er fortgegangen
ist, war's zu spät...ich hab' ihm doch nicht den Säbel von
hinten in den Leib rennen können.

Was, ich bin schon auf der Straße? Wie bin ich denn da
herausgekommen? — So kühl ist es...ah, der Wind, der ist
gut...Wer ist denn das da drüben? Warum schau'n denn die
zu mir herüber? Am Ende haben die was gehört...Nein, es

kann niemand was gehört haben...ich weiß ja, ich hab' mich
gleich nachher umgeschaut! Keiner hat sich um mich
gekümmert, niemand hat was gehört...Aber gesagt hat er's,
wenn's auch niemand gehört hat; gesagt hat er's doch. Und
ich bin dagestanden und hab' mir's gefallen lassen, wie wenn
mich einer vor den Kopf geschlagen hätt'!...Aber ich hab'
ja nichts sagen können, nichts tun können; es war ja noch das
einzige, was mir übrig geblieben ist: stad sein, stad sein!...'s
ist fürchterlich, es ist nicht zum Aushalten; ich muß ihn
totschlagen, wo ich ihn treff'!...Mir sagt das einer! Mir sagt
das so ein Kerl, so ein Hund! Und er kennt mich...Herrgott
noch einmal, er kennt mich, er weiß, wer ich bin!...Er kann
jedem Menschen erzählen, daß er mir das g'sagt hat!...Nein,
nein, das wird er ja nicht tun, sonst hätt' er auch nicht so leise
geredet...er hat auch nur wollen, daß ich es allein hör'!...
Aber wer garantiert mir, daß er's nicht doch erzählt, heut' oder
morgen, seiner Frau, seiner Tochter, seinen Bekannten im
Kaffeehaus. — — Um Gottes willen, morgen seh' ich ihn ja
wieder! Wenn ich morgen ins Kaffeehaus komm', sitzt er
wieder dort wie alle Tag' und spielt seinen Tapper* mit dem
Herrn Schlesinger und mit dem Kunstblumenhändler...
Nein, nein, das geht ja nicht, das geht ja nicht...Wenn ich ihn
seh', so hau' ich ihn zusammen...Nein, das darf ich ja nicht
...gleich hätt' ich's tun müssen, gleich!...Wenn's nur
gegangen wär'! Ich werd' zum Obersten geh'n und ihm die
Sache melden...ja, zum Obersten...Der Oberst ist immer
sehr freundlich — und ich werd' ihm sagen: Herr Oberst, ich
melde gehorsamst, er hat den Griff gehalten, er hat ihn nicht
aus'lassen; es war genau so, als wenn ich ohne Waffe gewesen
wäre... — Was wird der Oberst sagen? — Was er sagen
wird? — Aber da gibt's ja nur eins: quittieren mit Schimpf und
Schand'*—quittieren!...Sind das Freiwillige* da drüben?...
Ekelhaft, bei der Nacht schau'n sie aus, wie Offiziere...sie
salutieren! — Wenn die wüßten — wenn die wüßten!... —
Da ist das Café Hochleitner...Sind jetzt gewiß ein paar

Kameraden drin...vielleicht auch einer oder der andere, den ich kenn'...Wenn ich's dem ersten Besten* erzählen möcht', aber so, als wär's einem andern passiert?... — Ich bin ja schon ganz irrsinnig...Wo lauf' ich denn da herum? Was tu' ich denn auf der Straße? — Ja, aber wo soll ich denn hin? Hab' ich nicht zum Leidinger wollen? Haha, unter Menschen mich niedersetzen...ich glaub', ein jeder müßt' mir's anseh'n ...Ja, aber irgendwas muß doch gescheh'n...Was soll denn gescheh'n?...Nichts, nichts — es hat ja niemand was gehört ...es weiß ja niemand was...in dem Moment weiß niemand was...Wenn ich jetzt zu ihm in die Wohnung ginge und ihn beschwören möchte, daß er's niemandem erzählt?...— Ah, lieber gleich eine Kugel vor den Kopf, als so was!...Wär' so das Gescheiteste!...Das Gescheiteste? Das Gescheiteste? — Gibt ja überhaupt nichts anderes...gibt nichts anderes... Wenn ich den Oberst fragen möcht', oder den Kopetzky — oder den Blany — oder den Friedmair: — jeder möcht' sagen: Es bleibt dir nichts anderes übrig!...Wie wär's, wenn ich mit dem Kopetzky spräch'?...Ja, es wär' doch das Vernünftigste ...schon wegen morgen...Ja, natürlich — wegen morgen ...um vier in der Reiterkasern'...ich soll mich ja morgen um vier Uhr schlagen...und ich darf's ja nimmer, ich bin satis-faktionsunfähig*...Unsinn! Unsinn! Kein Mensch weiß was, kein Mensch weiß was! — Es laufen viele herum, denen ärgere Sachen passiert sind, als mir...Was hat man nicht alles von dem Deckener erzählt, wie er sich mit dem Rederow geschossen hat...und der Ehrenrat* hat entschieden, das Duell darf stattfinden...Aber wie möcht' der Ehrenrat bei mir entscheiden? — Dummer Bub — dummer Bub...und ich bin dagestanden —! heiliger Himmel, es ist doch ganz egal, ob ein anderer was weiß!...*ich* weiß es doch, und das ist die Hauptsache! *Ich* spür', daß ich jetzt wer anderer bin, als vor einer Stunde — *Ich* weiß, daß ich satisfaktionsunfähig bin, und darum muß ich mich totschießen...Keine ruhige Minute hätt' ich mehr im Leben...immer hätt' ich die Angst, daß es doch

einer erfahren könnt', so oder so...und daß mir's einer einmal
ins Gesicht sagt, was heut' abend gescheh'n ist! — Was für ein
glücklicher Mensch bin ich vor einer Stund' gewesen...Muß
mir der Kopetzky die Karte schenken — und die Steffi muß
mir absagen, das Mensch!* — Von so was hängt man ab...
Nachmittag war noch alles gut und schön, und jetzt bin ich
ein verlorener Mensch und muß mich totschießen...Warum
renn' ich denn so? Es lauft mir ja nichts davon...Wieviel
schlagt's denn?...1, 2, 3, 4, 5, 6, 7, 8, 9, 10, 11...elf, elf...ich
sollt' doch nachtmahlen geh'n! Irgendwo muß ich doch
schließlich hingeh'n...ich könnt' mich ja in irgendein Beisl*
setzen, wo mich kein Mensch kennt — schließlich, essen muß
der Mensch, auch wenn er sich nachher gleich totschießt...
Haha, der Tod ist ja kein Kinderspiel...wer hat das nur
neulich gesagt?...Aber das ist ja ganz egal...

Ich möcht' wissen, wer sich am meisten kränken möcht'?
...die Mama, oder die Steffi?...die Steffi...Gott, die Steffi
...die dürft' sich ja nicht einmal was anmerken lassen, sonst
gibt 'er' ihr den Abschied...Arme Person! — Beim Regiment — kein Mensch hätt' eine Ahnung, warum ich's getan
hab'...sie täten sich alle den Kopf zerbrechen...warum hat
sich denn der Gustl umgebracht? — Darauf möcht' keiner
kommen, daß ich mich hab' totschießen müssen, weil ein
elender Bäckermeister, so ein niederträchtiger, der zufällig
stärkere Fäust' hat...es ist ja zu dumm, zu dumm! —
Deswegen soll ein Kerl wie ich, so ein junger, fescher Mensch
...Ja, nachher möchten's gewiß alle sagen: das hätt' er doch
nicht tun müssen, wegen so einer Dummheit; ist doch schad'!
...Aber wenn ich jetzt wen immer fragen tät', jeder möcht'
mir die gleiche Antwort geben...und ich selber, wenn ich
mich frag'...das ist doch zum Teufelholen...ganz wehrlos
sind wir gegen die Zivilisten...Da meinen die Leut', wir sind
besser dran, weil wir einen Säbel haben...und wenn schon
einmal einer von der Waffe Gebrauch macht, geht's über uns
her, als wenn* wir alle die geborenen Mörder wären...In der

Zeitung möcht's auch steh'n:...'Selbstmord eines jungen Offiziers'...Wie schreiben sie nur immer?...'Die Motive sind in Dunkel gehüllt'...Haha!...'An seinem Sarge trauern'...— Aber es ist ja wahr...mir ist immer, als wenn ich mir eine Geschichte erzählen möcht'...aber es ist wahr... ich muß mich umbringen, es bleibt mir ja nichts anderes übrig — ich kann's ja nicht drauf ankommen lassen, daß morgen früh der Kopetzky und der Blany mir ihr Mandat zurückgeben* und mir sagen: wir können dir nicht sekundieren!... Ich wär' ja ein Schuft, wenn ich's ihnen zumuten möcht'... So ein Kerl wie ich, der dasteht und sich einen dummen Buben heißen läßt...morgen wissen's ja alle Leut'...das ist zu dumm, daß ich mir einen Moment einbilde, so ein Mensch erzählt's nicht weiter...überall wird er's erzählen...seine Frau weiß's jetzt schon...morgen weiß es das ganze Kaffeehaus...die Kellner werd'n's wissen...der Herr Schlesinger — die Kassierin* —— Und selbst wenn er sich vorgenommen hat, er red't nicht davon, so sagt er's übermorgen...und wenn er's übermorgen nicht sagt, in einer Woche...Und wenn ihn heut nacht der Schlag trifft, so weiß ich's...ich weiß es... und ich bin nicht der Mensch, der weiter den Rock trägt und den Säbel, wenn ein solcher Schimpf auf ihm sitzt!...So, ich muß es tun, und Schluß! — Was ist weiter dabei? — Morgen nachmittag könnt' mich der Doktor mit 'm Säbel erschlagen ...so was ist schon einmal dagewesen...und der Bauer, der arme Kerl, der hat eine Gehirnentzündung 'kriegt und war in drei Tagen hin...und der Brenitsch ist vom Pferd gestürzt und hat sich 's Genick gebrochen...und schließlich und endlich: es gibt nichts anderes — für mich nicht, für mich nicht! — Es gibt ja Leut', die's leichter nähmen... Gott, was gibt's für Menschen!...Dem Ringeimer hat ein Fleischselcher,* wie er ihn mit seiner Frau erwischt hat, eine Ohrfeige gegeben, und er hat quittiert und sitzt irgendwo auf'm Land und hat geheiratet...Daß es Weiber gibt, die so einen Menschen heiraten!...— Meiner Seel', ich gäb' ihm nicht die Hand, wenn er wieder nach Wien käm'...Also, hast's gehört, Gustl: — aus, aus, abgeschlossen mit dem Leben! Punktum und Streusand drauf!*...So, jetzt weiß ich's, die Geschichte ist ganz einfach...So! Ich bin eigentlich ganz ruhig...Das hab' ich übrigens immer gewußt: wenn's einmal dazu kommt, werd' ich ruhig sein, ganz ruhig...aber daß es so dazu kommt, das hab' ich doch nicht gedacht...daß ich mich umbringen muß, weil so ein...Vielleicht hab' ich ihn doch nicht recht verstanden...am End' hat er ganz was anderes gesagt...Ich war ja ganz blöd von der Singerei und der Hitz'...vielleicht bin ich verrückt gewesen, und es ist alles gar nicht wahr?...Nicht wahr, haha, nicht wahr! — Ich hör's ja noch...es klingt mir noch immer im Ohr...und ich spür's in den Fingern, wie ich seine Hand vom Säbelgriff hab' wegbringen wollen...Ein Kraftmensch ist er, ein Jagendorfer*...Ich bin doch auch kein Schwächling...der Franziski ist der einzige im Regiment, der stärker ist als ich...

Die Aspernbrücke*...Wie weit renn' ich denn noch? — Wenn ich so weiterrenn', bin ich um Mitternacht in Kagran* ...Haha! — Herrgott, froh sind wir gewesen, wie wir im vorigen September dort eingerückt sind. Noch zwei Stunden, und Wien...todmüd' war ich, wie wir angekommen sind... den ganzen Nachmittag hab' ich geschlafen wie ein Stock, und am Abend waren wir schon beim Ronacher*...der Kopetzky, der Ladinser und...wer war denn nur noch mit uns? — Ja, richtig, der Freiwillige, der uns auf dem Marsch die jüdischen Anekdoten erzählt hat...Manchmal sind's ganz nette Burschen, die Einjährigen...aber sie sollten alle nur Stellvertreter* werden — denn was hat das für einen Sinn? Wir müssen uns jahrelang plagen, und so ein Kerl dient ein Jahr und hat genau dieselbe Distinktion wie wir...es ist eine Ungerechtigkeit! — Aber was geht mich denn das alles an? — Was scher' ich mich denn um solche Sachen? — Ein Gemeiner von der Verpflegsbranche* ist ja jetzt mehr als ich... ich bin ja überhaupt nicht mehr auf der Welt...es ist ja aus mit mir...Ehre verloren, alles verloren!...Ich hab' ja nichts anderes zu tun, als meinen Revolver zu laden und...Gustl, Gustl, mir scheint, du glaubst noch immer nicht recht dran? Komm' nur zur Besinnung...es gibt nichts anderes...wenn du auch dein Gehirn zermarterst, es gibt nichts anderes! — Jetzt heißt's nur mehr, im letzten Moment sich anständig benehmen, ein Mann sein, ein Offizier sein, so daß der Oberst sagt: Er ist ein braver Kerl gewesen, wir werden ihm ein treues Angedenken bewahren!...Wieviel Kompagnien rükken denn aus beim Leichenbegängnis von einem Leutnant? ...Das müßt' ich eigentlich wissen...Haha! wenn das ganze Bataillon ausrückt, oder die ganze Garnison, und sie feuern zwanzig Salven ab, davon wach' ich doch nimmer auf! — Vor dem Kaffeehaus, da bin ich im vorigen Sommer einmal mit dem Herrn von Engel gesessen, nach der Armee-Steeple-Chase...Komisch, den Menschen hab' ich seitdem nie wieder gesehn...Warum hat er denn das linke Aug' verbunden gehabt? Ich hab' ihn immer drum fragen wollen, aber es hätt' sich nicht gehört...Da geh'n zwei Artilleristen...die denken gewiß, ich steig' der Person nach*...Muß sie mir übrigens ansehn...O schrecklich! — Ich möcht' nur wissen, wie sich so eine ihr Brot verdient...da möcht' ich doch eher ...Obzwar in der Not frißt der Teufel Fliegen*...in Przemysl — mir hat's nachher so gegraut, daß ich gemeint hab', nie wieder rühr' ich ein Frauenzimmer an...Das war eine gräßliche Zeit da oben in Galizien...eigentlich ein Mordsglück, daß wir nach Wien gekommen sind. Der Bokorny sitzt noch immer in Sambor und kann noch zehn Jahr dort sitzen und alt und grau werden...Aber wenn ich dort geblieben wär', wär' mir das nicht passiert, was mir heut passiert ist ...und ich möcht' lieber in Galizien alt und grau werden, als daß...als was? als was? — Ja, was ist denn? was ist denn? — Bin ich denn wahnsinnig, daß ich das immer vergeß'? — Ja, meiner Seel', vergessen tu' ich's jeden Moment...ist das schon je erhört worden,* daß sich einer in ein paar Stunden

eine Kugel durch'n Kopf jagen muß, und er denkt an alle
möglichen Sachen, die ihn gar nichts mehr angeh'n? Meiner
Seel', mir ist geradeso, als wenn ich einen Rausch hätt'! Haha!
ein schöner Rausch! ein Mordsrausch!* ein Selbstmords-
rausch! — Ha! Witze mach' ich, das ist sehr gut! — Ja, ganz
gut aufgelegt bin ich — so was muß doch angeboren sein...
Wahrhaftig, wenn ich's einem erzählen möcht', er würd' es
nicht glauben. — Mir scheint, wenn ich das Ding bei mir hätt'
...jetzt würd' ich abdrücken — in einer Sekunde ist alles
vorbei...Nicht jeder hat's so gut — andere müssen sich
monatelang plagen...meine arme Cousin', zwei Jahr ist sie
gelegen, hat sich nicht rühren können, hat die gräßlichsten
Schmerzen g'habt — so ein Jammer!...Ist es nicht besser,
wenn man das selber besorgt? Nur Obacht geben heißt's, gut
zielen, daß einem nicht am End' das Malheur passiert, wie dem
Kadett-Stellvertreter im vorigen Jahr...Der arme Teufel,
gestorben ist er nicht, aber blind ist er geworden...Was mit
dem nur geschehen ist? Wo er jetzt lebt? — Schrecklich, so
herumlaufen, wie der — das heißt: herumlaufen kann er nicht,
g'führt muß er werden — so ein junger Mensch, kann heut
noch keine Zwanzig sein...seine Geliebte hat er besser
getroffen...gleich war sie tot...Unglaublich, weswegen sich
die Leut' totschießen! Wie kann man überhaupt nur eifer-
süchtig sein?...Mein Lebtag hab' ich so was nicht gekannt...
Die Steffi ist jetzt gemütlich in der Gartenbaugesellschaft; dann
geht sie mit 'ihm' nach Haus...Nichts liegt mir dran, gar
nichts! Hübsche Einrichtung hat sie — das kleine Bade-
zimmer mit der roten Latern'. — Wie sie neulich in dem
grünseidenen Schlafrock hereingekommen ist...den grünen
Schlafrock werd' ich auch nimmer seh'n — und die ganze
Steffi auch nicht...und die schöne, breite Treppe in der
Gußhausstraße werd' ich auch nimmer hinaufgeh'n...Das
Fräulein Steffi wird sich weiter amüsieren, als wenn gar
nichts gescheh'n wär'...nicht einmal erzählen darf sie's wem,
daß ihr lieber Gustl sich umgebracht hat...Aber weinen wird's

schon — ah ja, weinen wird's...Überhaupt, weinen werden gar viele Leut'...Um Gottes willen, die Mama! — Nein, nein, daran darf ich nicht denken. — Ah, nein, daran darf absolut nicht gedacht werden...An Zuhaus wird nicht gedacht, Gustl, verstanden? — nicht mit dem allerleisesten Gedanken...

Das ist nicht schlecht, jetzt bin ich gar im Prater...mitten in der Nacht...das hätt' ich mir auch nicht gedacht in der Früh, daß ich heut' nacht im Prater spazieren geh'n werd'... Was sich der Sicherheitswachmann dort denkt?...Na, geh'n wir nur weiter...es ist ganz schön...Mit'm Nachtmahlen ist's eh' nichts, mit dem Kaffeehaus auch nichts; die Luft ist angenehm, und ruhig ist es...sehr...Zwar, ruhig werd' ich's jetzt bald haben, so ruhig, als ich's mir nur wünschen kann. Haha! — aber ich bin ja ganz außer Atem...ich bin ja gerannt wie nicht g'scheit...langsamer, langsamer, Gustl, versäumst nichts, hast gar nichts mehr zu tun — gar nichts, aber absolut nichts mehr! — Mir scheint gar, ich fröstel'? — Es wird halt doch die Aufregung sein...dann hab' ich ja nichts gegessen...Was riecht denn da so eigentümlich?...es kann doch noch nichts blühen?...Was haben wir denn heut'? — den vierten April...freilich, es hat viel geregnet in den letzten Tagen...aber die Bäume sind beinah' noch ganz kahl ...und dunkel ist es, hu! man könnt' schier Angst kriegen... Das ist eigentlich das einzigemal in meinem Leben, daß ich Furcht gehabt hab', als kleiner Bub, damals im Wald...aber ich war ja gar nicht so klein...vierzehn oder fünfzehn...Wie lang ist das jetzt her? — neun Jahr'...freilich — mit achtzehn war ich Stellvertreter, mit zwanzig Leutnant...und im nächsten Jahr werd' ich...Was werd ich im nächsten Jahr? Was heißt das überhaupt: nächstes Jahr? Was heißt das: in der nächsten Woche? Was heißt das: übermorgen?...Wie? Zähneklappern? Oho! — Na lassen wir's nur ein bissel klappern...Herr Leutnant, Sie sind jetzt allein, brauchen niemandem einen Pflanz vorzumachen*...es ist bitter, es ist bitter...

Ich will mich auf die Bank setzen...Ah! — wie weit bin ich denn da? — So eine Dunkelheit! Das da hinter mir, das muß das zweite Kaffeehaus sein...bin ich im vorigen Sommer auch einmal gewesen, wie unsere Kapelle konzertiert hat... mit'm Kopetzky und mit'm Rüttner — noch ein paar waren dabei...— Ich bin aber müd'...nein, ich bin müd', als wenn ich einen Marsch von zehn Stunden gemacht hätt'...Ja, das wär' sowas, da einschlafen. — Ha! ein obdachloser Leutnant ...Ja, ich sollt' doch eigentlich nach Haus...was tu' ich denn zu Haus? aber was tu' ich denn im Prater? — Ah, mir wär' am liebsten, ich müßt' gar nicht aufsteh'n — da einschlafen und nimmer aufwachen...ja, das wär' halt bequem! — Nein, so bequem wird's Ihnen nicht gemacht, Herr Leutnant... Aber wie und wann? — Jetzt könnt' ich mir doch endlich einmal die Geschichte ordentlich überlegen...überlegt muß ja alles werden...so ist es schon einmal im Leben...Also überlegen wir...Was denn?...— Nein, ist die Luft gut... man sollt' öfters bei der Nacht in' Prater geh'n...Ja, das hätt' mir eben früher einfallen müssen, jetzt ist's aus mit'm Prater, mit der Luft und mit'm Spazierengeh'n...Ja, also was ist denn? — Ah, fort mit dem Kappl; mir scheint, das drückt mir aufs Gehirn...ich kann ja gar nicht ordentlich denken...Ah...so!...also jetzt Verstand zusammennehmen, Gustl...letzte Verfügungen treffen! Also morgen früh wird Schluß gemacht...morgen früh um sieben Uhr... sieben Uhr ist eine schöne Stund'. Haha! — also um acht, wenn die Schul' anfangt, ist alles vorbei...der Kopetzky wird aber keine Schul' halten können, weil er zu sehr erschüttert sein wird...Aber vielleicht weiß er's noch gar nicht...man braucht ja nichts zu hören...Den Max Lippay haben sie auch erst am Nachmittag gefunden, und in der Früh hat er sich erschossen, und kein Mensch hat was davon gehört...Aber was geht mich das an, ob der Kopetzky Schul' halten wird oder nicht?...Ha! — also um sieben Uhr! — Ja ...na, was denn noch?...Weiter ist ja nichts zu überlegen.

Im Zimmer schieß' ich mich tot, und dann is basta! Montag ist die Leich'*...Einen kenn' ich, der wird eine Freud' haben: das ist der Doktor...Duell kann nicht stattfinden wegen Selbstmord des einen Kombattanten...Was sie bei Mannheimers sagen werden? — Na, er wird sich nicht viel draus machen...aber die Frau, die hübsche, blonde...mit der war was zu machen...O ja, mir scheint, bei der hätt' ich Chance gehabt, wenn ich mich nur ein bissl zusammengenommen hätt'...ja, das wär' doch was anders gewesen, als die Steffi, dieses Mensch...Aber faul darf man halt nicht sein...da heißt's: Cour machen, Blumen schicken, vernünftig reden... das geht nicht so, daß man sagt: Komm' morgen nachmittag zu mir in die Kasern'!...Ja, so eine anständige Frau, das wär' halt was g'wesen...Die Frau von meinem Hauptmann in Przemysl, das war ja doch keine anständige Frau...ich könnt' schwören: der Libitzky und der Wermutek und der schäbige Stellvertreter, der hat sie auch g'habt...Aber die Frau Mannheimer...ja, das wär' was anders, das wär' doch auch ein Umgang gewesen, das hätt' einen beinah' zu einem andern Menschen gemacht — da hätt' man doch noch einen andern Schliff gekriegt — da hätt' man einen Respekt vor sich selber haben dürfen. — — Aber ewig diese Menscher...und so jung hab' ich ang'fangen — ein Bub war ich ja noch, wie ich damals den ersten Urlaub gehabt hab' und in Graz bei den Eltern zu Haus war...der Riedl war auch dabei — eine Böhmin ist es gewesen...die muß doppelt so alt gewesen sein wie ich — in der Früh bin ich erst nach Haus gekommen... Wie mich der Vater ang'schaut hat...und die Klara...Vor der Klara hab' ich mich am meisten g'schämt...Damals war sie verlobt...warum ist denn nichts draus geworden? Ich hab' mich eigentlich nicht viel drum gekümmert...Armes Hascherl,* hat auch nie Glück gehabt — und jetzt verliert sie noch den einzigen Bruder...Ja, wirst mich nimmer seh'n, Klara — aus! Was, das hast du dir nicht gedacht, Schwesterl, wie du mich am Neujahrstag zur Bahn begleitet hast, daß du mich nie wieder seh'n wirst? — und die Mama...Herrgott, die Mama...nein, ich darf daran nicht denken...wenn ich daran denk', bin ich imstand, eine Gemeinheit zu begehen... Ah...wenn ich zuerst noch nach Haus fahren möcht'...sagen, es ist ein Urlaub auf einen Tag...noch einmal den Papa, die Mama, die Klara seh'n, bevor ich einen Schluß mach'...Ja, mit dem ersten Zug um sieben kann ich nach Graz fahren, um eins bin ich dort...Grüß dich Gott, Mama...Servus, Klara! Na, wie geht's euch denn?...Nein, das ist eine Überraschung! ...Aber sie möchten was merken...wenn niemand anders ...die Klara...die Klara gewiß...Die Klara ist ein so gescheites Mädel...Wie lieb sie mir neulich geschrieben hat, und ich bin ihr noch immer die Antwort schuldig — und die guten Ratschläge, die sie mir immer gibt...ein so seelengutes Geschöpf...Ob nicht alles ganz anders geworden wär', wenn ich zu Haus geblieben wär'? Ich hätt' Ökonomie* studiert, wär' zum Onkel gegangen...sie haben's ja alle wollen, wie ich noch ein Bub war...Jetzt wär' ich am End' schon verheiratet, ein liebes, gutes Mädel...vielleicht die Anna, die hat mich so gern gehabt...auch jetzt hab' ich's noch gemerkt, wie ich das letztemal zu Haus war, obzwar sie schon einen Mann hat und zwei Kinder...ich hab's g'sehn', wie sie mich ang'schaut hat...Und noch immer sagt sie mir 'Gustl' wie früher...Der wird's ordentlich in die Glieder fahren, wenn sie erfährt, was es mit mir für ein End' genommen hat — aber ihr Mann wird sagen: Das hab' ich voraus gesehen — so ein Lump! — Alle werden meinen, es ist, weil ich Schulden gehabt hab'...und es ist doch gar nicht wahr, es ist doch alles bezahlt...nur die lezten hundertsechzig Gulden — na, und die sind morgen da...Ja, dafür muß ich auch noch sorgen, daß der Ballert die hundertsechzig Gulden kriegt...das muß ich niederschreiben, bevor ich mich erschieß'...Es ist schrecklich, es ist schrecklich!...Wenn ich lieber auf und davon fahren möcht' — nach Amerika, wo mich niemand kennt...In Amerika weiß kein Mensch davon, was hier heut' abend

gescheh'n ist...da kümmert sich kein Mensch drum...
Neulich ist in der Zeitung gestanden von einem Grafen
Runge, der hat fortmüssen wegen einer schmutzigen Geschichte, und jetzt hat er drüben ein Hotel und pfeift auf den
ganzen Schwindel...Und in ein paar Jahren könnt' man ja
wieder zurück...nicht nach Wien natürlich...auch nicht
nach Graz...aber aufs Gut könnt' ich...und der Mama und
dem Papa und der Klara möchts doch tausendmal lieber sein,
wenn ich nur lebendig blieb'...Und was geh'n mich denn die
andern Leut' an? Wer meint's denn sonst gut mit mir?—
Außerm Kopetzky könnt' ich allen gestohlen werden★...der
Kopetzky ist doch der einzige...Und gerad der hat mir heut
das Billett geben müssen...und das Billett ist an allem schuld
...ohne das Billett wär' ich nicht ins Konzert gegangen, und
alles das wär' nicht passiert...Was ist denn nur passiert?...
Es ist grad', als wenn hundert Jahr seitdem vergangen wären,
und es kann noch keine zwei Stunden sein...Vor zwei
Stunden hat mir einer 'dummer Bub' gesagt und hat meinen
Säbel zerbrechen wollen...Herrgott, ich fang' noch zu
schreien an mitten in der Nacht! Warum ist denn das alles
gescheh'n? Hätt' ich nicht länger warten können, bis ganz leer
wird in der Garderobe? Und warum hab' ich ihm denn nur
gesagt: 'Halten Sie's Maul!' Wie ist mir denn das nur
ausgerutscht? Ich bin doch sonst ein höflicher Mensch...
nicht einmal mit meinem Burschen★ bin ich sonst so grob...
aber natürlich, nervös bin ich gewesen — alle die Sachen, die
da zusammengekommen sind...das Pech im Spiel und
die ewige Absagerei von der Steffi — und das Duell morgen
nachmittag — und zu wenig schlafen tu' ich in der letzten
Zeit—und die Rackerei in der Kasern'★— das halt' man auf die
Dauer nicht aus!...Ja, über kurz oder lang wär' ich krank
geworden — hätt' um einen Urlaub einkommen müssen...
Jetzt ist es nicht mehr notwendig — jetzt kommt ein langer
Urlaub — mit Karenz der Gebühren★ — haha!...

Wie lang werd' ich denn da noch sitzen bleiben? Es muß

Mitternacht vorbei sein...hab' ich's nicht früher schlagen hören? — Was ist denn das...ein Wagen fährt da? Um die Zeit? Gummiradler* — kann mir schon denken...Die haben's besser wie ich — vielleicht ist es der Ballert mit der Berta... Warum soll's grad' der Ballert sein? — Fahr' nur zu! — Ein hübsches Zeug'l* hat Seine Hoheit in Pzremysl gehabt...mit dem ist er immer in die Stadt hinuntergefahren zu der Rosenberg...Sehr leutselig war Seine Hoheit — ein echter Kamerad, mit allen auf du und du*...War doch eine schöne Zeit...obzwar...die Gegend war trostlos und im Sommer zum verschmachten...an einem Nachmittag sind einmal drei vom Sonnenstich getroffen worden...auch der Korporal von meinem Zug — ein so verwendbarer Mensch...Nachmittag haben wir uns nackt aufs Bett hingelegt. — Einmal ist plötzlich der Wiesner zu mir hereingekommen; ich muß grad' geträumt haben und steh' auf und zieh' den Säbel, der neben mir liegt...muß gut ausg'schaut haben...der Wiesner hat sich halb tot gelacht — der ist jetzt schon Rittmeister...— Schad', daß ich nicht zur Kavallerie gegangen bin...aber das hat der Alte nicht wollen — wär' ein zu teurer Spaß gewesen — jetzt ist es ja doch alles eins...Warum denn? — Ja, ich weiß schon: sterben muß ich, darum ist es alles eins — sterben muß ich...Also wie? — Schau, Gustl, du bist doch extra da herunter in den Prater gegangen, mitten in der Nacht, wo dich keine Menschenseele stört — jetzt kannst du dir alles ruhig überlegen...Das ist ja lauter Unsinn mit Amerika und quittieren, und du bist ja viel zu dumm, um was anderes anzufangen — und wenn du hundert Jahr alt wirst, und du denkst dran, daß dir einer hat den Säbel zerbrechen wollen und dich einen dummen Buben geheißen, und du bist dag'standen und hast nichts tun können — nein, zu überlegen ist da gar nichts — gescheh'n ist gescheh'n — auch das mit der Mama und mit der Klara ist ein Unsinn — die werden's schon verschmerzen — man verschmerzt alles...Wie hat die Mama gejammert, wie ihr Bruder gestorben ist — und nach vier

Wochen hat sie kaum mehr dran gedacht. . . auf den Friedhof
ist sie hinausgefahren. . . zuerst alle Wochen, dann alle Monat
— und jetzt nur mehr am Todestag. — — Morgen ist mein
Todestag — fünfter April. — — Ob sie mich nach Graz
überführen? Haha! da werden die Würmer in Graz eine
Freud' haben! — Aber das geht mich nichts an — darüber
sollen sich die andern den Kopf zerbrechen. . . Also, was geht
mich denn eigentlich an? . . . Ja, die hundertsechzig Gulden für
den Ballert — das ist alles — weiter brauch ich keine Verfügungen zu treffen. — Briefe schreiben? Wozu denn? An
wen denn? . . . Abschied nehmen? — Ja, zum Teufel hinein,
das ist doch deutlich genug, wenn man sich totschießt!
Dann merken's die andern schon, daß man Abschied genommen hat. . . Wenn die Leut' wüßten, wie egal mir die ganze
Geschichte ist, möchten sie mich gar nicht bedauern — ist eh'
nicht schad' um mich* . . . Und was hab' ich denn vom ganzen
Leben gehabt? — Etwas hätt' ich gern noch mitgemacht:
einen Krieg — aber da hätt' ich lang' warten können. . . Und
alles übrige kenn' ich. . . Ob so ein Mensch Steffi oder
Kunigunde heißt, bleibt sich gleich. — — Und die schönsten
Operetten kenn' ich auch — und im Lohengrin bin ich
zwölfmal drin gewesen — und heut' abend war ich sogar bei
einem Oratorium — und ein Bäckermeister hat mich einen
dummen Buben geheißen — meiner Seel', es ist grad' genug!
— Und ich bin gar nimmer neugierig. . . — Also geh'n wir
nach Haus, langsam, ganz langsam. . . Eile hab' ich ja wirklich
keine. — Noch ein paar Minuten ausruhen da im Prater, auf
einer Bank — obdachlos. — Ins Bett leg' ich mich ja doch
nimmer — hab' ja genug Zeit zum Ausschlafen. — — Ah, die
Luft! — Die wird mir abgeh'n* . . .

Was ist denn? — He, Johann, bringen S' mir ein Glas frisches
Wasser. . . Was ist? . . . Wo. . . Ja, träum' ich denn? . . . Mein
Schädel. . . o, Donnerwetter. . . Fischamend* . . . Ich bring' die
Augen nicht auf! — Ich bin ja angezogen! — Wo sitz ich

denn? — Heiliger Himmel, eingeschlafen bin ich! Wie hab'
ich denn nur schlafen können; es dämmert ja schon! — Wie
lang' hab' ich denn geschlafen? — Muß auf die Uhr schau'n
...Ich seh' nichts!...Wo sind denn meine Zündhölzeln?...
Na, brennt eins an?...Drei...und ich soll mich um vier
duellieren — nein, nicht duellieren — totschießen soll ich
mich! — Es ist gar nichts mit dem Duell; ich muß mich
totschießen, weil ein Bäckermeister mich einen dummen
Buben genannt hat...Ja, ist es denn wirklich g'scheh'n? —
Mir ist im Kopf so merkwürdig...wie in einem Schraubstock
ist mein Hals — ich kann mich gar nicht rühren — das
rechte Bein ist eingeschlafen. — Aufstehn! Aufstehn!...Ah,
so ist es besser! — Es wird schon lichter...Und die Luft...
ganz wie damals in der Früh, wie ich auf Vorposten war und
im Wald kampiert hab'...Das war ein anderes Aufwachen —
da war ein anderer Tag vor mir...Mir scheint, ich glaub's noch
nicht recht — Da liegt die Straße, grau, leer — ich bin jetzt sicher
der einzige Mensch im Prater. — Um vier Uhr früh war ich
schon einmal herunten, mit'm Pausinger — geritten sind wir —
ich auf dem Pferd vom Hauptmann Mirovic und der Pausinger
auf seinem eigenen Krampen* — das war im Mai, im vorigen
Jahr — da hat schon alles geblüht — alles war grün. Jetzt ist's
noch kahl — aber der Frühling kommt bald — in ein paar Tagen
ist er schon da. — Maiglöckerln, Veigerln* — schad', daß ich
nichts mehr davon haben werd' — jeder Schubiak* hat was
davon, und ich muß sterben! Es ist ein Elend! Und die andern
werden im Weingartl sitzen beim Nachtmahl, als wenn gar
nichts g'wesen wär' — so wie wir alle im Weingartl g'sessen
sind, noch am Abend nach dem Tag, wo sie den Lippay
hinausgetragen haben...Und der Lippay war so beliebt...
sie haben ihn lieber g'habt, als mich, beim Regiment —
warum sollen sie denn nicht im Weingartl sitzen, wenn ich
abkratz'?* — Ganz warm ist es — viel wärmer als gestern —
und so ein Duft — es muß doch schon blühen..!Ob die Steffi
mir Blumen bringen wird? — Aber fallt ihr ja gar nicht ein!

Die wird grad' hinausfahren... Ja, wenn's noch die Adel' wär'
... Nein, die Adel'! Mir scheint, seit zwei Jahren hab' ich an
die nicht mehr gedacht... mein Lebtag hab' ich kein Frauenzimmer so weinen geseh'n... Das war doch eigentlich das
Hübscheste, was ich erlebt hab'... So bescheiden, so anspruchs-
los, wie die war — die hat mich gern gehabt, da könnt' ich
drauf schwören. — War doch was ganz anderes, als die Steffi
... Ich möcht' nur wissen, warum ich die aufgegeben hab'...
so eine Eselei! Zu fad ist es mir geworden, ja, das war das
Ganze... So jeden Abend mit ein und derselben ausgeh'n...
Dann hab' ich eine Angst g'habt, daß ich überhaupt nimmer
loskomm' — eine solche Raunzen* — — Na, Gustl, hätt'st
schon noch warten können — war doch die einzige, die dich
gern gehabt hat... Was sie jetzt macht? Na was wird s'
machen? — Jetzt wird s' halt einen andern haben... Freilich,
das mit der Steffi ist bequemer — wenn man nur gelegentlich
engagiert ist und ein anderer hat die ganzen Unannehmlichkeiten, und ich hab' nur das Vergnügen... Ja, da kann man
auch nicht verlangen, daß sie auf den Friedhof hinauskommt ı
... Wer ging denn überhaupt mit, wenn er nicht müßt'! —
Vielleicht der Kopetzky, und dann wär' Rest!* — Ist doch
traurig, so gar niemanden zu haben...

Aber so ein Unsinn! der Papa und die Mama und die Klara
... Ja, ich bin halt der Sohn, der Bruder... aber was ist denn
weiter zwischen uns? gern haben sie mich ja — aber was
wissen sie denn von mir? — Daß ich meinen Dienst mach',
daß ich Karten spiel' und daß ich mit Menschern herumlauf'
... aber sonst? — Daß mich manchmal selber vor mir
graust, das hab' ich ihnen ja doch nicht geschrieben — na, mir
scheint, ich hab's auch selber gar nicht recht gewußt — Ah
was, kommst du jetzt mit solchen Sachen, Gustl? Fehlt nur
noch, daß du zum Weinen anfangst... pfui Teufel! —
Ordentlich Schritt... so! Ob man zu einem Rendezvous geht
oder auf Posten oder in die Schlacht... wer hat das nur
gesagt?... ah ja, der Major Lederer, in der Kantin', wie man

von dem Wingleder erzählt hat, der so blaß geworden ist vor
seinem ersten Duell—und gespieben* hat...Ja: ob man zu
einem Rendezvous geht oder in den sichern Tod, am Gang und
am G'sicht laßt sich das der richtige Offizier nicht anerkennen!
— Also Gustl — der Major Lederer hat's g'sagt! ha! —
Immer lichter...man könnt' schon lesen...Was pfeift denn
da?...Ah, drüben ist der Nordbahnhof...Die Tegetthoffsäule*...so lang hat sie noch nie ausg'schaut...Da drüben
stehen Wagen...Aber nichts als Straßenkehrer auf der Straße
...meine letzten Straßenkehrer — ha! ich muß immer lachen,
wenn ich dran denk'...das versteh' ich gar nicht...Ob das
bei allen Leuten so ist, wenn sie's einmal ganz sicher wissen?
Halb vier auf der Nordbahnuhr...jetzt ist nur die Frage, ob
ich mich um sieben nach Bahnzeit oder nach Wiener Zeit
erschieß'?...Sieben...ja, warum grad' sieben?...Als wenn's
gar nicht anders sein könnt'...Hunger hab' ich — meiner
Seel', ich hab' Hunger — kein Wunder...seit wann hab' ich
denn nichts gegessen?...Seit — seit gestern sechs Uhr abends
im Kaffeehaus...ja! Wie mir der Kopetzky das Billett
gegeben hat — eine Melange und zwei Kipfel.* — Was der
Bäckermeister sagen wird, wenn er's erfahrt?...der verfluchte Hund! — Ah, der wird wissen, warum — dem wird
der Knopf aufgeh'n* — der wird draufkommen, was es heißt:
Offizier! — So ein Kerl kann sich auf offener Straße prügeln
lassen, und es hat keine Folgen, und unsereiner wird unter vier
Augen insultiert und ist ein toter Mann...Wenn sich so ein
Fallot* wenigstens schlagen* möcht' — aber nein, da wär' er
ja vorsichtiger, da möcht' er sowas nicht riskieren...Und der
Kerl lebt weiter, ruhig weiter, während ich — krepieren muß!
— Der hat mich doch umgebracht...Ja, Gustl, merkst d' was?
— der ist es, der dich umbringt! Aber so glatt soll's ihm doch
nicht ausgeh'n!* — Nein, nein, nein! Ich werd' dem Kopetzky
einen Brief schreiben, wo alles drinsteht, die ganze G'schicht'
schreib' ich auf...oder noch besser: ich schreib's dem Obersten, ich mach' eine Meldung ans Regimentskommando...

ganz wie eine dienstliche Meldung...Ja, wart', du glaubst,
daß sowas geheim bleiben kann? — Du irrst dich — aufgeschrieben wird's zum ewigen Gedächtnis, und dann möcht'
ich sehen, ob du dich noch ins Kaffeehaus traust — Ha! —
'das möcht' ich sehen,' ist gut!...Ich möcht' noch manches
gern sehen, wird nur leider nicht möglich sein — aus is! —

Jetzt kommt der Johann in mein Zimmer, jetzt merkt er,
daß der Herr Leutnant nicht zu Haus geschlafen hat. — Na,
alles mögliche wird er sich denken; aber daß der Herr
Leutnant im Prater übernachtet hat, das, meiner Seel', das
nicht...Ah, die Vierundvierziger! zur Schießstätte mar-
schieren s' — lassen wir sie vorübergeh'n...so, stellen wir uns
daher...— Da oben wird ein Fenster aufgemacht — hübsche
Person — na, ich möcht' mir wenigstens ein Tüchel um-
nehmen, wenn ich zum Fenster geh'...Vorigen Sonntag war's
zum letztenmal...Daß grad' die Steffi die letzte sein wird,
hab' ich mir nicht träumen lassen. — Ach Gott, das ist doch
das einzige reelle Vergnügen...Na ja, der Herr Oberst wird in
zwei Stunden nobel nachreiten...die Herren haben's gut —
ja, ja, rechts g'schaut!* — Ist schon gut...Wenn ihr wüßtet,
wie ich auf euch pfeif'! — Ah, das ist nicht schlecht: der
Katzer...seit wann ist denn der zu den Vierundvierzigern
übersetzt? — Servus, servus! — Was der für ein G'sicht macht?
...Warum deut' er denn auf seinen Kopf? — Mein Lieber, dein
Schädel interessiert mich sehr wenig...Ah, so! Nein, mein
Lieber, du irrst dich: im Prater hab' ich übernachtet...wirst
schon heut' im Abendblatt lesen. — 'Nicht möglich!' wird
er sagen, 'heut' früh, wie wir zur Schießstätte ausgerückt sind,
hab' ich ihn noch auf der Praterstraße getroffen!' — Wer wird
denn meinen Zug kriegen? — Ob sie ihn dem Walterer geben
werden? — Na, da wird was Schönes herauskommen — ein
Kerl ohne Schneid,* der hätt' auch lieber Schuster werden
sollen...Was, geht schon die Sonne auf? — Das wird heut
ein schöner Tag — so ein rechter Frühlingstag...Ist doch
eigentlich zum Teufelholen! — der Komfortabelkutscher wird

noch um achte in der Früh auf der Welt sein, und ich... na, was
ist denn das? He, das wär' sowas — noch im letzten Moment
die Kontenance* verlieren wegen einem Komfortabelkutscher... Was ist denn das, daß ich auf einmal so ein blödes
Herzklopfen krieg'? — Das wird doch nicht deswegen sein
...Nein, o nein...es ist, weil ich so lang' nichts gegessen hab'.
— — Aber Gustl, sei doch aufrichtig mit dir selber: — Angst
hast du — Angst, weil du's noch nie probiert hast...Aber das
hilft dir ja nichts, die Angst hat noch keinem was geholfen,
jeder muß es einmal durchmachen, der eine früher, der
andere später, und du kommst halt früher dran...Viel wert
bist du ja nie gewesen, so benimm dich wenigstens anständig
zu guter Letzt, das verlang' ich von dir! — So, jetzt heißt's nur
überlegen — aber was denn?...Immer will ich mir was
überlegen...ist doch ganz einfach: — im Nachtkastelladel*
liegt er, geladen ist er auch, heißt's nur: losdrucken — das wird
doch keine Kunst sein! — —

Die geht schon ins Geschäft...die armen Mädeln! die
Adel' war auch in einem G'schäft — ein paarmal hab' ich sie
am Abend abg'holt...Wenn sie in einem Geschäft sind,
werd'n sie doch keine solchen Menscher...Wenn die Steffi
mir allein g'hören möcht', ich ließ sie Modistin werden oder
sowas...Wie wird sie's denn erfahren? — Aus der Zeitung!
...Sie wird sich ärgern, daß ich ihr's nicht geschrieben hab'
...Mir scheint, ich schnapp' doch noch über...Was geht denn
das mich an, ob sie sich ärgert...Wie lang' hat denn die ganze
G'schicht gedauert?...Seit'm Jänner?*...Ah nein, es muß
doch schon vor Weihnachten gewesen sein...ich hab' ihr ja
aus Graz Zuckerln mitgebracht, und zu Neujahr hat sie mir
ein Brieferl g'schickt...Richtig, die Briefe, die ich zu Haus
hab', — sind keine da, die ich verbrennen sollt'?...Hm, der
vom Fallsteiner — wenn man den Brief findet...der Bursch
könnt' Unannehmlichkeiten haben...Was mir das schon
aufliegt!* — Na, es ist ja keine große Anstrengung...aber
hervorsuchen kann ich den Wisch nicht...Das beste ist, ich

verbrenn' alles zusammen...wer braucht's denn? Ist lauter
Makulatur.* — — Und meine paar Bücher könnt' ich dem
Blany vermachen. — *Durch Nacht und Eis*...schad', daß
ich's nimmer auslesen kann...bin wenig zum Lesen gekommen in der letzten Zeit...Orgel — ah, aus der Kirche...
Frühmesse — bin schon lang bei keiner gewesen...das
letztemal im Feber,* wie mein Zug dazu kommandiert war...
Aber das galt nichts — ich hab' auf meine Leut' aufgepaßt, ob
sie andächtig sind und sich ordentlich benehmen... — Möcht'
in die Kirche hineingeh'n...am End' ist doch was dran...—
Na, heut nach Tisch werd' ich's schon genau wissen...Ah,
'nach Tisch' ist sehr gut!...Also, was ist, soll ich hineingeh'n? — Ich glaub', der Mama wär's ein Trost, wenn sie das
wüßt'!...Die Klara gibt weniger drauf...Na, geh'n wir
hinein — schaden kann's ja nicht!

Orgel — Gesang — hm! — was ist denn das? — Mir ist
ganz schwindlig...O Gott, o Gott, o Gott! ich möcht'
einen Menschen haben, mit dem ich ein Wort reden könnt'
vorher! — Das wär' so was — zur Beicht' geh'n! Der möcht'
Augen machen, der Pfaff', wenn ich zum Schluß sagen
möcht': Habe die Ehre, Hochwürden;* jetzt geh' ich mich
umbringen!...— Am liebsten läg' ich da auf dem Steinboden
und tät' heulen...Ah nein, das darf man nicht tun! Aber
weinen tut manchmal so gut...Setzen wir uns einen Moment
— aber nicht wieder einschlafen wie im Prater!...— Die
Leut', die eine Religion haben, sind doch besser dran...Na,
jetzt fangen mir gar die Händ' zu zittern an!...Wenn's so
weitergeht, werd' ich mir selber auf die Letzt'* so ekelhaft, daß
ich mich vor lauter Schand' umbring'! — Das alte Weib da —
um was betet denn die noch?...Wär' eine Idee, wenn ich ihr
sagen möcht': Sie, schließen Sie mich auch ein...ich hab' das
nicht ordentlich gelernt, wie man das macht...Ha! mir
scheint, das Sterben macht blöd'! — Aufsteh'n! — Woran
erinnert mich denn nur die Melodie? — Heiliger Himmel!
gestern abend! — Fort, fort! das halt' ich gar nicht aus!...

Pst! keinen solchen Lärm, nicht mit dem Säbel schleppern —
die Leut' nicht in der Andacht stören — so! — doch besser im
Freien...Licht...Ah, es kommt immer näher — wenn es
lieber schon vorbei wär'! — Ich hätt's gleich tun sollen — im
Prater...man sollt' nie ohne Revolver ausgehn...Hätt' ich
gestern abend einen gehabt...Herrgott noch einmal! — In
das Kaffeehaus könnt' ich geh'n frühstücken...Hunger hab'
ich...Früher ist's mir immer sonderbar vorgekommen, daß
die Leut', die verurteilt sind, in der Früh noch ihren Kaffee
trinken und ihr Zigarrl rauchen...Donnerwetter, geraucht
hab' ich gar nicht! gar keine Lust zum Rauchen! — Es ist
komisch: ich hätt' Lust, in mein Kaffeehaus zu geh'n...Ja,
aufgesperrt ist schon, und von uns ist jetzt doch keiner dort —
und wenn schon...ist höchstens ein Zeichen von Kalt-
blütigkeit. 'Um sechs hat er noch im Kaffeehaus gefrüh-
stückt, und um sieben hat er sich erschossen'... — Ganz
ruhig bin ich wieder...das Gehen ist so angenehm — und das
Schönste ist, daß mich keiner zwingt. — Wenn ich wollt',
könnt' ich noch immer den ganzen Krempel hinschmeißen*...
Amerika...Was ist das: 'Krempel'? *Was* ist ein 'Krempel'?
Mir scheint, ich hab' den Sonnenstich!...Oho, bin ich
vielleicht deshalb so ruhig, weil ich mir immer noch einbild',
ich muß nicht?...Ich muß! Ich muß! Nein, ich will! —
Kannst du dir denn überhaupt vorstellen, Gustl, daß du dir die
Uniform ausziehst und durchgehst? Und der verfluchte
Hund lacht sich den Buckel voll* — und der Kopetzky selbst
möcht' dir nicht mehr die Hand geben...Mir kommt vor,
ich bin ganz rot geworden. — — Der Wachmann salutiert mir
...ich muß danken...'Servus!' — Jetzt hab' ich gar 'Servus'
gesagt!...Das freut so einen armen Teufel immer... Na,
über mich hat sich keiner zu beklagen gehabt — außer Dienst
war ich immer gemütlich. — Wie wir auf Manöver waren,
hab' ich den Chargen* von der Kompagnie Britannikas*
geschenkt; — einmal hab' ich gehört, wie ein Mann hinter
mir bei den Gewehrgriffen* was von 'verfluchter Rackerei'

g'sagt hat, und ich hab' ihn nicht zum Rapport geschickt — ich hab' ihm nur gesagt: 'Sie, passen S' auf, das könnt' einmal wer anderer hören — da ging's Ihnen schlecht!'...Der Burghof★ ...Wer ist denn heut auf der Wach'? — Die Bosniaken★ — schau'n gut aus — der Oberstleutnant hat neulich g'sagt: Wie wir im 78er★ Jahr unten waren, hätt' keiner geglaubt, daß uns die einmal so parieren werden!...Herrgott, bei so was hätt' ich dabei sein mögen — Da steh'n sie alle auf von der Bank. — Servus, servus! — Das ist halt zuwider, daß unsereiner nicht dazu kommt. — Wär' doch schöner gewesen, auf dem Felde der Ehre, fürs Vaterland, als so...Ja, Herr Doktor, Sie kommen eigentlich gut weg!...Ob das nicht einer für mich übernehmen könnt'? — Meiner Seel', das sollt' ich hinterlassen, daß sich der Kopetzky oder der Wymetal an meiner Statt mit dem Kerl schlagen...Ah, so leicht sollt' der doch nicht davonkommen! — Ah, was! Ist das nicht egal, was nachher geschieht? Ich erfahr's ja doch nimmer! — Da schlagen die Bäume aus★...Im Volksgarten★ hab' ich einmal eine angesprochen — ein rotes Kleid hat sie angehabt — in der Strozzigasse hat sie gewohnt — nachher hat sie der Rochlitz übernommen...Mir scheint, er hat sie noch immer, aber er red't nichts mehr davon — er schämt sich vielleicht... Jetzt schlaft die Steffi noch...so lieb sieht sie aus, wenn sie schläft...als wenn sie nicht bis fünf zählen könnt'! — Na, wenn sie schlafen, schau'n sie alle so aus! — Ich sollt' ihr doch noch ein Wort schreiben...warum denn nicht? Es tut's ja doch ein jeder, daß er vorher noch Briefe schreibt. — Auch der Klara sollt' ich schreiben, daß sie den Papa und die Mama tröstet — und was man halt so schreibt! — und dem Kopetzky doch auch...Meiner Seel', mir kommt vor, es wär' viel leichter, wenn man ein paar Leuten Adieu gesagt hätt'... Und die Anzeige an das Regimentskommando — und die hundertsechzig Gulden für den Ballert...eigentlich noch viel zu tun...Na, es hat's mir ja keiner g'schafft,★ daß ich's um sieben tu'...von acht an ist noch immer Zeit genug zum

Totsein !... Totsein, ja — so heißt's — da kann man nichts machen...

Ringstraße — jetzt bin ich ja bald in meinem Kaffeehaus... Mir scheint gar, ich freu' mich aufs Frühstück... es ist nicht zum glauben. — — Ja, nach dem Frühstück zünd' ich mir eine Zigarre an, und dann geh' ich nach Haus und schreib'... Ja, vor allem mach' ich die Anzeige ans Kommando; dann kommt der Brief an die Klara — dann an den Kopetzky — dann an die Steffi... Was soll ich denn dem Luder schreiben ...'Mein liebes Kind, du hast wohl nicht gedacht'... — Ah, was, Unsinn ! — 'Mein liebes Kind, ich danke dir sehr'... — 'Mein liebes Kind, bevor ich von hinnen gehe, will ich es nicht verabsäumen'★... — Na, Briefschreiben war auch nie meine starke Seite... 'Mein liebes Kind, ein letztes Lebewohl von deinem Gustl'... — Die Augen, die sie machen wird ! Ist doch ein Glück, daß ich nicht in sie verliebt war... das muß traurig sein, wenn man eine gern hat und so... Na, Gustl, sei gut:★ so ist es auch traurig genug... Nach der Steffi wär' ja noch manche andere gekommen, und am End' auch eine, die was wert ist — junges Mädel aus guter Familie mit Kaution★ — es wär' ganz schön gewesen... — Der Klara muß ich ausführlich schreiben, daß ich nicht hab' anders können... 'Du mußt mir verzeihen, liebe Schwester, und bitte, tröste auch die lieben Eltern. Ich weiß, daß ich euch allen manche Sorge gemacht habe und manchen Schmerz bereitet; aber glaube mir, ich habe euch alle immer sehr lieb gehabt, und ich hoffe, du wirst noch einmal glücklich werden, meine liebe Klara, und deinen unglücklichen Bruder nicht ganz vergessen'... — Ah, ich schreib' ihr lieber gar nicht !... Nein, da wird mir zum Weinen... es beißt mich ja schon in den Augen, wenn ich dran denk'... Höchstens dem Kopetzky schreib' ich — ein kameradschaftliches Lebewohl, und er soll's den andern ausrichten... — Ist's schon sechs? — Ah, nein: halb — dreiviertel. — Ist das ein liebes G'sichtel !... der kleine Fratz mit den schwarzen Augen, den ich so oft in der Florianigasse treff'! — was die sagen wird? — Aber die weiß ja gar nicht, wer ich bin — die wird sich nur wundern, daß sie mich nimmer sieht...Vorgestern hab' ich mir vorgenommen, das nächstemal sprech' ich sie an. — Kokettiert hat sie genug...so jung war die — am End' war die gar noch eine Unschuld!*... Ja, Gustl! Was du heute kannst besorgen, das verschiebe nicht auf morgen!...Der da hat sicher auch die ganze Nacht nicht geschlafen. — Na, jetzt wird er schön nach Haus geh'n und sich niederlegen — ich auch! — Haha! jetzt wird's ernst, Gustl, ja!...Na, wenn nicht einmal das biss'l Grausen wär', so wär' ja schon gar nichts dran — und im ganzen, ich muß's schon selber sagen, halt' ich mich brav...Ah, wohin denn noch? Da ist ja schon mein Kaffeehaus...auskehren tun sie noch...Na, geh'n wir hinein...

Da hinten ist der Tisch, wo die immer Tarok* spielen... Merkwürdig, ich kann mir's gar nicht vorstellen, daß der Kerl, der immer da hinten sitzt an der Wand, derselbe sein soll, der mich...— Kein Mensch ist noch da...Wo ist denn der Kellner?...He! Da kommt er aus der Küche...er schlieft schnell in den Frack hinein*...Ist wirklich nimmer notwendig!...ah, für ihn schon...er muß heut' noch andere Leut' bedienen! —

'Habe die Ehre, Herr Leutnant!'

'Guten Morgen.'

'So früh heute, Herr Leutnant?'

'Ah, lassen S' nur — ich hab' nicht viel Zeit, ich kann mit'm Mantel dasitzen.'

'Was befehlen Herr Leutnant?'

'Eine Melange mit Haut.'

'Bitte gleich, Herr Leutnant!'

Ah, da liegen ja Zeitungen...schon heutige Zeitungen?... Ob schon was drinsteht?...Was denn? — Mir scheint, ich will nachseh'n, ob drinsteht, daß ich mich umgebracht hab'! Haha! — Warum steh' ich denn noch immer?...Setzen wir uns da zum Fenster...Er hat mir ja schon die Melange hingestellt...So, den Vorhang zieh' ich zu; es ist mir zuwider, wenn die Leut' hereingucken...Es geht zwar noch keiner vorüber...Ah, gut schmeckt der Kaffee — doch kein leerer Wahn,★ das Frühstücken!...Ah, ein ganz anderer Mensch wird man — der ganze Blödsinn ist, daß ich nicht genachtmahlt hab'...Was steht denn der Kerl schon wieder da? — Ah, die Semmeln hat er mir gebracht...

'Haben Herr Leutnant schon gehört?'...

'Was denn?' Ja, um Gotteswillen, weiß der schon was?... Aber, Unsinn, es ist ja nicht möglich!

'Den Herrn Habetswallner...'

Was? So heißt ja der Bäckermeister...was wird der jetzt sagen?...Ist er am End' schon dagewesen? Ist er am End' gestern schon dagewesen und hat's erzählt?...Warum red't er denn nicht weiter?...Aber er red't ja...

'...hat heut' nacht um zwölf der Schlag getroffen.'

'Was?'...Ich darf nicht so schreien...nein, ich darf mir nichts anmerken lassen...aber vielleicht träum' ich...ich muß ihn noch einmal fragen...'Wen hat der Schlag getroffen?' — Famos, famos! — ganz harmlos hab' ich das gesagt! —

'Den Bäckermeister, Herr Leutnant!...Herr Leutnant werd'n ihn ja kennen...na, den Dicken, der jeden Nachmittag neben die Herren Offiziere seine Tarokpartie hat... mit'n Herrn Schlesinger und 'n Herrn Wasner von der Kunstblumenhandlung vis-à-vis!'

Ich bin ganz wach — stimmt alles — und doch kann ich's noch nicht recht glauben — ich muß ihn noch einmal fragen ...aber ganz harmlos...

'Der Schlag hat ihn getroffen?...Ja, wieso denn? Woher wissen S' denn das?'

'Aber Herr Leutnant, wer soll's denn früher wissen, als unsereiner — die Semmel, die der Herr Leutnant da essen, ist ja auch vom Herrn Habetswallner. Der Bub, der uns das Gebäck um halber fünfe in der Früh bringt, hat's uns erzählt.'

Um Himmelswillen, ich darf mich nicht verraten...ich möcht' ja schreien...ich möcht' ja lachen...ich möcht' ja dem Rudolf ein Bussel* geben...Aber ich muß ihn noch was fragen!...Vom Schlag getroffen werden, heißt noch nicht: tot sein...ich muß fragen, ob er tot ist...aber ganz ruhig, denn was geht mich der Bäckermeister an — ich muß in die Zeitung schau'n, während ich den Kellner frag'...

'Ist er tot?'

'Na, freilich, Herr Leutnant; auf'm Fleck ist er tot geblieben.'

O, herrlich, herrlich! — Am End' ist das alles, weil ich in der Kirchen g'wesen bin...

'Er ist am Abend im Theater g'wesen; auf der Stiegen ist er umg'fallen — der Hausmeister hat den Krach gehört...na, und dann haben s' ihn in die Wohnung getragen, und wie der Doktor gekommen ist, war's schon lang' aus.'

'Ist aber traurig. Er war doch noch in den besten Jahren.' — Das hab' ich jetzt famos gesagt — kein Mensch könnt' mir was anmerken...und ich muß mich wirklich zurückhalten, daß ich nicht schrei' oder aufs Billard spring'...

'Ja, Herr Leutnant, sehr traurig; war ein so lieber Herr, und zwanzig Jahr' ist er schon zu uns kommen — war ein guter Freund von unserm Herrn. Und die arme Frau...'

Ich glaub', so froh bin ich in meinem ganzen Leben nicht gewesen...Tot ist er — tot ist er! Keiner weiß was, und nichts ist g'scheh'n! — Und das Mordsglück, daß ich in das Kaffeehaus gegangen bin...sonst hätt' ich mich ja ganz umsonst erschossen — es ist doch wie eine Fügung des Schicksals...Wo ist denn der Rudolf? — Ah, mit dem Feuerburschen* red't er...— Also, tot ist er — tot ist er — ich kann's noch gar nicht glauben! Am liebsten möcht' ich hingeh'n, um's zu seh'n. — — Am End' hat ihn der Schlag getroffen aus Wut, aus verhaltenem Zorn...Ah, warum, ist mir ganz egal! Die Hauptsach' ist: er ist tot, und ich darf leben, und alles g'hört wieder mein!...Komisch, wie ich mir

da immerfort die Semmel einbrock',★ die mir der Herr
Habetswallner gebacken hat! Schmeckt mir ganz gut, Herr
von Habetswallner! Famos! — So, jetzt möcht' ich noch ein
Zigarrl rauchen...

'Rudolf! Sie, Rudolf! Sie, lassen S' mir den Feuerburschen
dort in Ruh'!'

'Bitte, Herr Leutnant!'

'Trabucco'★...— Ich bin so froh, so froh!...Was mach'
ich denn nur?...Was mach ich denn nur?...Es muß ja was
gescheh'n, sonst trifft mich auch noch der Schlag vor lauter
Freud'!...In einer Viertelstund' geh ich hinüber in die
Kasern' und laß mich vom Johann kalt abreiben...um halb
acht sind die Gewehrgriff', und um halb zehn ist Exerzieren.
— Und der Steffi schreib' ich, sie muß sich für heut abend frei
machen, und wenn's Graz gilt!★ Und nachmittag um vier...
na wart', mein Lieber, wart', mein Lieber! Ich bin grad' gut
aufgelegt...Dich hau' ich zu Krenfleisch!★

DIE LETZTEN MASKEN

Schauspiel in einem Akt

PERSONEN

KARL RADEMACHER, *Journalist*

FLORIAN JACKWERTH, *Schauspieler*

ALEXANDER WEIHGAST

DR HALMSCHLÖGER

DR TANN

} *Sekundarärzte im Wiener Allgemeinen Krankenhaus*

JULIANE PASCHANDA, *Wärterin*

DIE LETZTEN MASKEN

Ein kleinerer Raum — sogenanntes 'Extrakammerl' — im All-
gemeinen Krankenhaus, in Verbindung mit einem großen
Krankensaal; statt der Türe ein beweglicher Leinenvorhang. Links
ein Bett. In der Mitte ein länglicher Tisch, darauf Papiere,
Fläschchen usw. Zwei Sessel. Ein Lehnstuhl neben dem Bett.
Auf dem Tisch eine brennende Kerze.

Karl Rademacher, über 50 Jahre, sehr herabgekommen, ganz grau,
auf dem Lehnstuhl, mit geschlossenen Augen. Florian Jackwerth,
etwa 28 Jahre, sehr leuchtende, wie fieberische Augen, glatt rasiert,
mager, in einem Leinenschlafrock, den er gelegentlich in bedeutende
Falten legt. Die Wärterin, Juliane Paschanda, dick, gutmütig, noch
nicht alt, am Tisch mit einer Schreibarbeit beschäftigt.

FLORIAN (*schlägt den Vorhang zurück, kommt eben aus dem Saal,*
   der von einer Hängelampe schwach beleuchtet ist, tritt zur
   Wärterin) Immer fleißig, das Fräulein Paschanda.
WÄRTERIN Ja, sind Sie schon wieder aufgestanden? Was wird
   denn der Herr Sekundarius sagen! Gehn S' doch schlafen.
FLORIAN Gewiß, ich denke sogar einen langen Schlaf zu tun.★
   Kann ich Ihnen nicht behilflich sein, schönes Weib? Ich
   mein' nicht beim Schlafen.

   Wärterin kümmert sich nicht.

FLORIAN (*schleicht zu Rademacher hin*) Schaun Sie, Fräulein
   Paschanda — so schaun S' doch her!
WÄRTERIN Was wollen Sie denn?
FLORIAN (*wieder zu ihr*) Meiner Seel', ich hab' gemeint, er ist
   schon tot.
WÄRTERIN Das dauert schon noch eine Weile.
FLORIAN Glauben Sie, glauben Sie? — Also gute Nacht,
   Fräulein Juliane Paschanda.

WÄRTERIN Ich bin kein Fräulein, ich bin Frau.

FLORIAN Ah so! Habe noch nicht die Ehre gehabt, den Herrn Gemahl kennen zu lernen.

WÄRTERIN Ich wünsch' es Ihnen auch nicht. Er ist Diener in der Leichenkammer.

FLORIAN Danke bestens, danke bestens. Habe keinerlei Verwendung. Sie, Frau Paschanda (*vertraulich*), haben Sie das Fräulein gesehn, das mir heute nachmittag die Ehre ihres Besuchs erwiesen hat?

WÄRTERIN Ja; die mit dem roten Hut.

FLORIAN (*ärgerlich*) Roter Hut — roter Hut...Es war eine Kollegin von mir — jawohl! Wir waren zusammen engagiert im vorigen Jahr — in Olmütz. Erste Liebhaberin* jenes Fräulein — jugendlicher Held der ergebenst Unterzeichnete.* Schaun Sie mich an, bitte — ich brauche nicht mehr zu sagen. — Jawohl, ich habe ihr eine Korrespondenzkarte geschrieben...einfach eine Karte — und sie ist gleich gekommen. Es gibt noch Treue beim Theater. Und sie hat mir versprochen, sie wird sich umschaun, mit einem Agenten wird sie sprechen — damit ich ein Sommerengagement krieg', wenn ich aus diesem Lokal entlassen werde. Deswegen kann ein Fräulein ein sehr gutes Herz haben, wenn sie auch einen roten Hut trägt, Frau von Paschanda. (*Immer gereizter, später hustend*) Sie kommt vielleicht noch einmal her — ich werd' ihr halt schreiben, sie soll sich nächstens einen blauen Hut aufsetzen — weil die Frau Paschanda die rote Farb' nicht vertragen kann.

WÄRTERIN Pst! pst! die Leute wollen schlafen. (*Lauscht*)

FLORIAN Was ist denn?

WÄRTERIN Ich hab' geglaubt, der Herr Sekundarius —

Die Krankenhausuhr schlägt.

FLORIAN Wie spät ist's denn?

WÄRTERIN Neun.

FLORIAN Wer hat denn heut die Nachtvisit'?

WÄRTERIN Der Doktor Halmschlöger.

FLORIAN Ah, der Doktor Halmschlöger. Ein feiner Herr, nur etwas eingebildet. (*Sieht, daß Rademacher wach wurde*) Habe die Ehre, Herr von Rademacher.

Rademacher nickt.

FLORIAN (*kopiert den Doktor Halmschlöger*) Nun, mein lieber Rademacher, wie befinden Sie sich heute? (*Tut, als ob er den Überzieher ablegte und ihn der Wärterin reichte*) Ach, liebe Frau Paschanda, wollen Sie nicht die Güte haben...Danke sehr.

WÄRTERIN (*wider Willen lachend*) Wie Sie die Leut' nachmachen können.

FLORIAN (*andrer Ton; als ginge er von einem Bett zum andern*) Nichts Neues? Nichts Neues? Nichts Neues? Gut — gut — gut...

WÄRTERIN Das ist ja der Herr Primarius. Wenn der das wüßt'!

FLORIAN Na warten Sie nur, das ist noch gar nichts. (*Er läßt sich plötzlich auf einen Sessel fallen, sein Gesicht scheint schmerzverzerrt, und er verdreht die Augen*)

WÄRTERIN Ja, um Gotteswillen, das ist ja —

FLORIAN (*einen Augenblick die Kopie unterbrechend*) Na, wer?

WÄRTERIN Der vom Bett siebzehn, der Engstl — der Dachdecker, der vorgestern gestorben ist. Na, werden Sie nicht aufhören! Sie versündigen sich ja.

FLORIAN Ja, meine liebe Frau Paschanda, meinen Sie, unsereiner ist umsonst im Spital herin? Da kann man was lernen.

WÄRTERIN Der Herr Sekundarius kommt.

Ab in den Saal. — Wie sie den Vorhang zurückschlägt, sieht man Halmschlöger und Tann in der Tiefe der Bühne.

FLORIAN Jawohl, Herr Rademacher, ich mache hier nämlich meine Studien.

RADEMACHER So?

FLORIAN Ja, für unsereinen rentiert sich das,* im Spital zu
liegen. Sie meinen, ich kann das nicht brauchen, weil ich
Komiker bin? Gefehlt! Das ist nämlich eine Entdeckung,
die ich gemacht habe, Herr Rademacher. (*Wichtig*) Aus
dem traurigen, ja selbst dem schmerzstarrenden Antlitz jedes
Individuums läßt sich durch geniale schauspielerische
Intuition die lustige Visage berechnen. Wenn ich einmal
einen sterben gesehn hab', weiß ich akkurat, wie er aus-
schaut, wenn man ihm einen guten Witz erzählt hat. —
Aber was haben Sie denn, Herr Rademacher? Courage!
Nicht den Humor verlieren. Schaun Sie mich an — ha!
Vor acht Tagen war ich aufgegeben — nicht nur von den
Herren Doktoren, das wär' nicht so gefährlich gewesen,
aber von mir selber! Und jetzt bin ich kreuzfidel.* Und in
acht Tagen — gehorsamster Diener! So lebe wohl, du
stilles Haus!* Womit ich mir erlaube, Euer Hochwohl-
geboren zu meinem ersten Auftreten ergebenst einzuladen.
(*Hustet*)

RADEMACHER Wird wohl kaum möglich sein.

FLORIAN Ist es nicht sonderbar? Wenn wir beide gesund
geblieben wären, so wären wir vielleicht Todfeinde.

RADEMACHER Wieso denn?

FLORIAN Na, ich hätt' Komödie gespielt, und Sie hätten eine
Rezension geschrieben und mich verrissen, und Leut', die
mich verreißen, hab' ich nie leiden können. Und so sind
wir die besten Freunde geworden. — Ja, sagen Sie, Herr
Rademacher, hab' ich auch so dreing'schaut vor acht
Tagen wie Sie?

RADEMACHER Es ist vielleicht doch ein Unterschied.

FLORIAN Lächerlich! Man muß nur einen festen Willen
haben. Wissen Sie, wie ich gesund geworden bin?
(*Rademacher sieht ihn an*) Sie brauchen mich nicht so
anzuschaun — es fehlt nicht mehr viel. Ich hab' die
traurigen Gedanken einfach nicht aufkommen lassen!

RADEMACHER Wie haben Sie denn das gemacht?

FLORIAN Ich hab' einfach allen Leuten, auf die ich einen Zorn gehabt hab', innerlich die fürchterlichsten Grobheiten g'sagt. Oh, das erleichtert, das erleichtert, sag' ich Ihnen! Ich hab' mir sogar ausstudiert, wem ich als Geist erscheinen würde, wenn ich einmal gestorben bin. — Also da ist vor allem ein Kolleg' von Ihnen, in Olmütz — ein boshaftes Luder! Na, und dann der Herr Direktor, der mir die halbe Gasch'* abgezogen hat fürs Extemporieren. Dabei haben die Leut' überhaupt nur über mich gelacht und gar nicht über die Stück'. Er hätt' froh sein können, der Herr Direktor. Statt dessen — na wart', wart'! Ich hätt' ja ein Talent zum Erscheinen — oh, ich hätt' auch im Himmel mein anständiges Auskommen gehabt. — Ich hätt' nämlich ein Engagement bei den Spiritisten angenommen.

Dr Halmschlöger und Dr Tann kommen, und die Wärterin.

TANN (*junger, etwas nachlässig gekleideter Mensch, Hut auf dem Kopf, nicht brennende Virginia im Mund*) Jetzt bitt' ich dich aber, Halmschlöger, sei so gut, halt' dich da nicht auch wieder so lang auf.

HALMSCHLÖGER (*sorgfältig gekleideter junger Mensch mit Zwicker und kleinem blonden Vollbart; Überzieher umgeworfen*) Nein, ich bin gleich fertig.

TANN Oder ich geh' voraus ins Kaffeehaus.

HALMSCHLÖGER Ich bin gleich fertig.

FLORIAN Habe die Ehre, Herr Doktor.

HALMSCHLÖGER Warum liegen Sie denn nicht im Bett? (*Zur Wärterin*) Paschanda!

FLORIAN Ich bin ja so ausgeschlafen, Herr Doktor; es geht mir ja famos. Ich erlaube mir, den Herrn Doktor zu meinem Wiederauftreten...

HALMSCHLÖGER (*einen Moment amüsiert, wendet sich dann ab*) Ja, ja. (*Zu Rademacher hin*) Nun, mein lieber Rademacher, wie befinden Sie sich?

*Florian macht der Wärterin ein Zeichen, das sich auf seine
frühere Kopie bezieht.*

RADEMACHER Schlecht geht's mir, Herr Doktor.

HALMSCHLÖGER (*die Tafel zu Häupten des Bettes betrachtend;
Wärterin hält das Licht*) 39,4 — na! Gestern haben wir
doch 40 gehabt. (*Wärterin nickt*) Es geht ja besser. Na,
gute Nacht. (*Will gehen*)

RADEMACHER Herr Doktor!

HALMSCHLÖGER Wünschen Sie was?

RADEMACHER Ich bitte, Herr Doktor, wie lang kann's denn
noch dauern?

HALMSCHLÖGER Ja, ein bißchen Geduld müssen Sie noch
haben.

RADEMACHER Ich mein's nicht so, Herr Doktor. Ich mein':
Wann ist es aus mit mir?

*Tann hat sich zum Tisch gesetzt, blättert gedankenlos in den
Papieren.*

HALMSCHLÖGER Aber was reden Sie denn? (*Zur Wärterin*)
Hat er seine Tropfen genommen?

WÄRTERIN Um $\frac{1}{2}$8, Herr Sekundarius.

RADEMACHER Herr Doktor, ich bitte recht schön, behandeln
Sie mich nicht wie den ersten Besten. Oh, entschuldigen
Herr Doktor —

HALMSCHLÖGER (*etwas ungeduldig, aber freundlich*) Leiser,
leiser.

RADEMACHER Ich bitte, nur noch ein Wort, Herr Doktor.
(*Entschlossen*) Ich muß nämlich die Wahrheit wissen — ich
muß — aus einer ganz bestimmten Ursache! —

HALMSCHLÖGER Die Wahrheit...Ich hoffe zuversichtlich
— — Nun, die Zukunft ist in gewissem Sinn uns allen
verschlossen — aber ich kann sagen — —

RADEMACHER Herr Doktor, — wenn ich nun aber noch etwas
sehr Wichtiges vorhätte — irgendwas, wovon das Schicksal

anderer Leute abhängig ist — und meine Ruhe — die Ruhe meiner Sterbestunde...

HALMSCHLÖGER Aber, aber! — Wollen Sie sich nicht näher erklären? (*Immer freundlich*) Aber möglichst kurz, wenn ich bitten darf. Ich habe noch zwei Zimmer vor mir. Denken Sie, wenn jeder so lang — Also bitte.

RADEMACHER Herr Doktor, ich muß noch mit jemandem sprechen.

HALMSCHLÖGER Nun, Sie können ja dem Betreffenden schreiben, wenn es Sie beruhigt. Morgen nachmittag zwischen vier und fünf dürfen Sie empfangen, wen Sie wollen. Ich habe gar nichts dagegen.

RADEMACHER Herr Doktor — das ist zu spät — das kann zu spät sein — ich fühl's...morgen früh ist vielleicht alles vorbei. Noch heute muß ich mit — dem Betreffenden reden.

HALMSCHLÖGER Das ist nicht möglich. Was soll das Ganze? Wenn Ihnen so viel darauf ankommt, hätten Sie ja schon gestern...

RADEMACHER (*dringend*) Herr Doktor! Sie sind immer sehr gut zu mir gewesen — ich weiß ja, daß ich ein bißchen zudringlich bin — aber sehen Sie, Herr Doktor, wenn es einmal ganz sicher ist, daß einen morgen oder übermorgen die gewissen Herrn im weißen Kittel* hinuntertragen, da bildet man sich halt ein, man kann keck werden und mehr verlangen als ein anderer.

TANN Also, Halmschlöger, was ist denn?

HALMSCHLÖGER Moment. — (*Etwas ungeduldig*) Also bitte, in Kürze, was wünschen Sie?

RADEMACHER Ich muß unbedingt einen Freund von mir sprechen. Einen gewissen Herrn Weigast — Alexander Weigast.

HALMSCHLÖGER Weigast? Meinen Sie den bekannten Dichter Weigast?

RADEMACHER Ja!

HALMSCHLÖGER Das ist ein Freund von Ihnen?

RADEMACHER Gewesen, gewesen — in früherer Zeit.

HALMSCHLÖGER Also schreiben Sie ihm eine Karte.

RADEMACHER Was hilft mir das? Er findet mich nicht mehr. Ich muß ihn noch heut sprechen — gleich...

HALMSCHLÖGER (*bestimmt*) Herr Rademacher, es ist unmöglich. Und Schluß. (*Mild*) Um Sie zu beruhigen, werde ich Herrn Weihgast, den ich zufällig persönlich kenne, noch heute ein Wort schreiben und ihm anheimstellen, Sie morgen zu einer beliebigen Stunde aufzusuchen.

RADEMACHER Sie kennen den Herrn Weihgast, Herr Doktor? (*Plötzlich*) So bringen Sie ihn her — bringen Sie ihn her!

HALMSCHLÖGER Na, hören Sie, hören Sie, Herr Rademacher, da weiß man wirklich nicht mehr —

RADEMACHER (*in großer Aufregung*) Herr Doktor, ich weiß ja', es ist unverschämt von mir, — aber Sie sind ja doch ein Mensch, Herr Doktor, und fassen die Dinge menschlich auf. Nicht wie manche andere, die nur nach der Schablone* urteilen. Und Sie wissen, Herr Doktor — da ist einer, der morgen sterben muß, und der hat noch einen Wunsch, an dem ihm ungeheuer viel liegt, und ich kann ihm den Wunsch erfüllen...Ich bitte Sie, Herr Doktor, gehn Sie zu ihm hin, holen Sie mir ihn her!

HALMSCHLÖGER (*schwankend, sieht auf die Uhr*) Ja — wenn ich für meinen Teil mich dazu entschließen wollte — ich bitte Sie, Herr Rademacher, wie kann ich es verlangen — um diese Zeit...wahrhaftig, es ist eine so sonderbare Zumutung! Überlegen Sie doch selbst.

RADEMACHER Oh, Herr Doktor, ich kenne meinen Freund Weihgast. Wenn Sie dem sagen: Sein alter Freund Rademacher stirbt im Allgemeinen Krankenhaus und will ihn noch einmal sehen — oh, das läßt er sich nicht entgehen. — Ich beschwöre Sie, Herr Doktor — für Sie ist es einfach ein Weg, — nicht wahr? Und für mich — für mich...

HALMSCHLÖGER Ja, das ist es eben! Für mich hat es natürlich nichts zu bedeuten. Aber für Sie — jawohl, für Sie könnte die Aufregung von schlimmen Folgen sein.

RADEMACHER Herr Doktor — Herr Doktor! Wir sind ja Männer! — Auf eine Stund' früher oder später kommt's doch nicht an.

HALMSCHLÖGER (*beschwichtigend*) Na, na, na! (*Nach kurzer Überlegung*) Also ich fahre hin.

Rademacher will danken.

HALMSCHLÖGER (*abwehrend*) Ich kann natürlich keine Garantie übernehmen, daß ich ihn herbringe. Aber da Ihnen so viel dran zu liegen scheint, — (*da Rademacher wieder danken will*) Schon gut, schon gut. (*Wendet sich ab*)

TANN Na endlich!

HALMSCHLÖGER Lieber Tann, ich werd' dich sehr bitten, — schau' du indes auf die andern Zimmer, es ist nichts Besonderes — zwei Injektionen — die Wärterin wird dir schon sagen — —

TANN Ja, was ist denn, was ist denn?

HALMSCHLÖGER Eine sonderbare Geschichte. Der arme Teufel bittet mich, ihm einen alten Freund herzuholen, dem er offenbar etwas Wichtiges anzuvertrauen hat. Weißt du, wen? Den Weihgast, diesen Dichter.

TANN Na, und du gehst hin? Ja, sag', bist denn du ein Dienstmann? Na, hör' zu, die Leut' nützen hier einfach deine Gutmütigkeit aus.

HALMSCHLÖGER Lieber Freund, das ist Empfindungssache. Meiner Ansicht nach sind gerade solche Dinge das Allerinteressanteste in unserm Beruf.

TANN Auch eine Auffassung.

HALMSCHLÖGER Also willst du so gut sein?

TANN Natürlich. Mit dem Kaffeehaus ist heut nichts mehr?

HALMSCHLÖGER Ich komm' vielleicht noch hin.

Halmschlöger, Tann, Wärterin ab.

FLORIAN (*kommt wieder herein*) Ja, was haben denn Sie so lang mit dem Doktor zu reden gehabt?

RADEMACHER (*erregt, fast heiter*) Ich krieg' noch einen Besuch — ich krieg' noch einen Besuch.

FLORIAN (*interessiert*) Was? Einen Besuch? Jetzt? Mitten in der Nacht?

RADEMACHER Ja, mein lieber Jackwerth — geben Sie nur acht, da gibt's wieder was zu lernen...an meinem Besuch nämlich. Den Herrn müssen Sie sich anschaun, wenn er hereinkommt zu mir, und nachher, wenn er wieder von mir fortgeht...Ah! (*Immer erregter*) Wenn ich's nur erleb' — wenn ich's nur erleb'! — Geben S' mir ein Glas Wasser, Jackwerth — ich bitt' recht schön. (*Geschieht; er trinkt gierig*) Dank schön — dank schön. — — Ja, so lang wird die Maschine schon noch halten... (*beinahe mit Angst*) Wenn er nur kommt...wenn er nur kommt...

FLORIAN Von wem reden Sie denn?

RADEMACHER (*vor sich hin*) Ihm schreiben?...Nein, davon hätt' ich nichts...Nein, *da* muß ich ihn haben — da — mir gegenüber...Aug' in Aug', Stirn an Stirn — ah!...

FLORIAN (*wie besorgt*) Herr Rademacher...

RADEMACHER Haben Sie keine Angst um mich — es ist ganz überflüssig. Es wird mir ganz leicht, meiner Seel', ich fürcht' mich nicht einmal mehr vorm Sterben...Es wird gar nicht so arg sein, wenn der erst dagewesen ist...Ah, Florian Jackwerth, was kann ich für Sie tun?

FLORIAN (*erstaunt*) Wieso?

RADEMACHER Ich möchte mich Ihnen dankbar erweisen. Sie haben mich nämlich auf diese Idee gebracht — jawohl. Ich werde Sie zu meinem Erben einsetzen. Der Schlüssel von meinem Schreibtisch liegt unterm Polster. — Sie glauben, das ist nichts Besonderes? — Wer weiß? Sie könnten sich täuschen...Da sind vielleicht Meisterwerke aufbewahrt! Mir wird immer leichter — meiner Seel'...Am Ende werd' ich wieder gesund!

FLORIAN Aber sicher!

RADEMACHER Wenn ich gesund werde — ich schwör's, wenn ich je wieder den Fuß aus dem Spital setz', so fang' ich von frischem an — ja. Ich fang' wieder an.

FLORIAN Was denn?

RADEMACHER Zu kämpfen — jawohl, zu kämpfen! Ich probier's wieder. Ich geb's noch nicht auf — nein. Ich bin ja noch nicht so alt, — vierundfünfzig...Ist das überhaupt ein Alter, wenn man gesund ist? Ich bin wer, Florian Jackwerth — ich bin wer, das können Sie mir glauben. Ich hab' nur Malheur gehabt. Ich bin so viel wie mancher andere, der auf dem hohen Roß sitzt, mein lieber Herr — und ich kann's mit manchem aufnehmen, der sich für was Besseres hält wie ich, weil er mehr Glück gehabt hat. (*Fiebrisch*) Wenn er nur kommt...wenn er nur kommt... Ich bitt' dich, mein Herrgott, wenn du mich auch vierundfünfzig Jahre lang im Stich gelassen hast, gib mir wenigstens die letzte Viertelstunde noch Kraft, daß es sich ausgleicht, so gut, als es geht. Laß mich's erleben, daß er da vor mir sitzt — bleich, vernichtet — so klein gegen mich, als er sich sein Leben lang überlegen gefühlt hat...Ja, mein lieber Jackwerth, der, den ich da erwarte, das ist nämlich ein Jugendfreund von mir. Und vor fünfundzwanzig Jahren — und auch noch vor zwanzig — waren wir sehr gut miteinander, denn wir haben beide auf demselben Fleck angefangen — nur daß wir dann einen verschiedenen Weg gegangen sind — er immer höher hinauf und ich immer tiefer hinunter. Und heut ist es so weit, daß er ein reicher und berühmter Dichter ist, und ich bin ein armer Teufel von Journalist und krepier' im Spital. — Aber es macht nichts, es macht nichts — denn jetzt kommt der Moment, wo ich ihn zerschmettern kann...und ich werd' es tun! Wenn er nur kommt — wenn er nur kommt! Ich weiß, Herr Jackwerth, heute nachmittag war Ihre Geliebte bei Ihnen — aber was ist denn alle Glut, mit der man ein geliebtes Wesen erwartet gegen die Sehnsucht nach einem, den man haßt, den man sein ganzes Leben lang gehaßt hat und dem man vergessen hat, es zu sagen.

FLORIAN Aber Sie regen sich ja fürchterlich auf, Herr Rademacher! — Sie verlieren ja Ihre Stimm'.

RADEMACHER Haben Sie keine Angst — wenn er einmal da ist, werd' ich schon reden können.

FLORIAN Wer weiß, wer weiß? — Hören Sie, Herr Rademacher, ich werd' Ihnen einen Vorschlag machen. Halten wir doch eine Probe ab. — Ja, Herr Rademacher, ich mach' keinen Spaß. Ich kenn' mich doch aus. Verstehen Sie mich: Es kommt ja immer drauf an, wie man die Sachen *bringt*,* nicht wahr? Was haben Sie denn schon davon, wenn Sie ihm sagen: 'Du bist ein niederträchtiger Mensch, und ich hasse dich' — das wirkt ja nicht. Da denkt er sich: Du schimpfst mir lang gut,* wenn du daherin liegst im Kammerl mit 39 Grad und ich geh' gemütlich spazieren und rauch' mein Zigarrl.

RADEMACHER Ich werd' ihm noch ganz was anderes sagen. Darüber, daß einer niederträchtig ist, tröstet er sich bald. Aber daß er lächerlich war sein Leben lang für die Menschen, die er vielleicht am meisten geliebt hat — das verwindet er nicht.

FLORIAN Also reden Sie, reden Sie. Stellen Sie sich vor, ich bin der Jugendfreund. Ich steh' da, ich hab' den Sack voller Geld, den Kopf voller Einbildung — (*Spielend*) 'Hier bin ich, alter Freund. Du hast mich zu sprechen gewünscht. Bitte.' Na also.

RADEMACHER (*fiebrisch, sich immer mehr in Wut hineinredend*) Jawohl, ich hab' dich rufen lassen. Aber nicht, um von dir Abschied zu nehmen, in Erinnerung alter Freundschaft — nein, um dir etwas zu erzählen, eh' es zu spät ist.

FLORIAN (*spielend*) 'Du spannst mich auf die Folter, alter Kumpan.* Was wünschest du mir mitzuteilen?' Also — also!

RADEMACHER Du meinst, daß du mehr bist als ich? — Mein
lieber Freund, zu den Großen haben wir beide nie gehört,
und in den Tiefen, wo wir zu Haus sind, gibt's in solchen
Stunden keinen Unterschied. Deine ganze Größe ist eitel
Trug und Schwindel. Dein Ruhm — ein Haufen Zeitungs-
blätter, der in den Wind verweht am Tag nach deinem Tod.
Deine Freunde? — Schmeichler, die vor dem Erfolg auf
dem Bauch liegen, Neidlinge, die die Faust im Sack ballen,*
wenn du den Rücken kehrst, Dummköpfe, denen du für
ihre Bewunderung gerade klein genug bist. — Aber du bist
ja so klug, um das zuweilen selbst zu ahnen. Ich hätte dich
nicht herbeimüht, um dir das mitzuteilen. Daß ich dir
jetzt noch was anderes sagen will, ist möglicherweise eine
Gemeinheit. — Aber es ist nicht zu glauben, wie wenig
einem dran liegt, gemein zu sein, wenn kein Tag mehr
kommt, an dem man sich darüber schämen müßte. (*Er
steht auf*) Ich hab' ja schon hundertmal Lust gehabt, dir's
ins Gesicht zu schreien in den letzten Jahren, wenn wir
einander zufällig auf der Straße begegnet sind und du die
Gnade hattest, ein freundliches Wort an mich zu richten.
Mein lieber Freund, nicht nur ich kenne dich, wie tausend
andere — auch dein geliebtes Weib kennt dich besser als
du ahnst und hat dich schon vor zwanzig Jahren durchschaut — in der Blüte deiner Jugend und deiner Erfolge. —
Ja, durchschaut — und ich weiß es besser als irgendeiner...
Denn sie war meine Geliebte zwei Jahre lang, und hundertmal
ist sie zu mir gelaufen, angewidert von deiner Nichtigkeit
und Leere und hat mit mir auf und davon wollen. Aber ich
war arm und sie war feig, und darum ist sie bei dir geblieben
und hat dich betrogen! Es war bequemer für uns alle.

FLORIAN 'Ha, Elender! Du lügst!'

RADEMACHER Ich? — (*Wie erwachend*) Ach so...Sie, Jackwerth, Sie haben den Schlüssel. Wenn er mir's nicht
glaubt — im Schreibtisch sind auch die Briefe. Sie sind
mein Testamentsverweser.* — Überhaupt, in meinem

Schreibtisch, da sind Schätze mancherlei — wer weiß, vielleicht ist nichts anderes nötig, um sie zu würdigen, als daß ich gestorben bin. — Ja, dann werden sich die Leute schon um mich kümmern. Insbesondere, wenn es heißt, daß ich in Not und Elend gestorben bin — denn ich sterbe in Not und Elend, wie ich gelebt habe. An meinem Grab wird schon einer reden. Ja, geben Sie nur acht, — Pflichttreue — Tüchtigkeit — Opfer seines Berufes...Ja, das ist wahr, Florian Jackwerth, seit ich einen Beruf habe, bin ich sein Opfer — vom ersten Augenblick an bin ich ein Opfer meines Berufes gewesen. Und wissen Sie, woran ich zugrund geh'? Sie meinen an den lateinischen Vokabeln, die da auf der Tafel stehn —? Oh nein! An Gall', daß ich vor Leuten hab' Buckerln machen müssen,* die ich verachtet hab', um eine Stellung zu kriegen. Am Ekel, daß ich Dinge hab' schreiben müssen, an die ich nicht geglaubt hab', um nicht zu verhungern. Am Zorn, daß ich für die infamsten Leutausbeuter hab' Zeilen schinden* müssen, die ihr Geld erschwindelt und ergaunert haben, und daß ich ihnen noch dabei geholfen hab' mit meinem Talent. Ich kann mich zwar nicht beklagen: Von der Verachtung und dem Haß gegen das Gesindel hab' ich immer meinen Teil abbekommen — nur leider von was anderm nicht.

WÄRTERIN (*kommt*) Der Herr Sekundarius.

RADEMACHER (*erschrocken*) Allein?

WÄRTERIN Nein, es ist ein Herr mit ihm.

Rademacher dankerfüllter Blick.

FLORIAN Jetzt nehmen Sie sich zusammen. Schad', daß ich nicht dabei sein kann. (*Schleicht sich dann hinaus*)

Halmschlöger und Weihgast kommen.

HALMSCHLÖGER Also hier ist der Kranke.

WEIHGAST (*elegant gekleideter, sehr gut erhaltener Herr von etwa 55 Jahren, grauer Vollbart, dunkler Überzieher, Spazierstock*)

So — hier. (*Zu Rademacher hin, herzlich*) Rademacher — ist es möglich? Rademacher — so sehn wir uns wieder! Mein lieber Freund!

RADEMACHER Ich danke dir sehr, daß du gekommen bist.

HALMSCHLÖGER (*hat gewinkt; die Wärterin brachte einen Sessel für Weihgast*) Und nun erlauben Sie mir, Herr Weihgast, daß ich als Arzt die Bitte an Sie richte, die Unterredung nicht länger als eine Viertelstunde auszudehnen. Ich werde so frei sein, nach der angegebenen Zeit selbst wiederzukommen und Sie hinab zu begleiten.

WEIHGAST Ich danke Ihnen, Herr Doktor, Sie sind sehr liebenswürdig.

HALMSCHLÖGER Oh, zu danken habe ausschließlich ich. Es gehört wirklich kein geringer Opfermut dazu...

WEIHGAST (*wehrt ab*) Aber, aber...

HALMSCHLÖGER Nun, Herr Rademacher, auf Wiedersehen. (*Droht ihm ärztlich freundlich, er möge sich nicht aufregen. Dann wechselt er einige Worte mit der Wärterin und geht mit ihr ab*)

WEIHGAST (*die Wärterin hat ihm den Überzieher abgenommen; er hat sich gesetzt; sehr herzlich, beinahe echt*) Nun, sag' mir einmal, mein lieber Rademacher, was ist das für eine Idee, sich hierher zu legen — ins Krankenhaus —!

RADEMACHER Oh, ich bin zufrieden, man ist hier sehr gut aufgehoben.

WEIHGAST Ja, gewiß bist du in den besten Händen. Doktor Halmschlöger ist ein sehr tüchtiger junger Arzt und, was mehr ist, ein vortrefflicher Mensch. Wie man ja den Menschen an sich überhaupt nie von dem Berufsmenschen trennen kann. Aber trotzdem — du entschuldigst schon — warum hast du dich nicht an mich gewandt?

RADEMACHER Wie hätt' ich...

WEIHGAST Wenn du dich auch eine Reihe von Jahren um deinen alten Freund nicht mehr gekümmert hast, du kannst dir wohl denken, daß ich dir unter diesen Umständen in jeder Weise zur Verfügung...

RADEMACHER Laß doch das, laß doch das.

WEIHGAST Nun ja — bitte. Es war wahrhaftig nicht bös'
gemeint. Immerhin, es ist auch jetzt nicht zu spät. —
Doktor Halmschlöger sagt mir, es ist nur eine Frage der
Zeit, der guten Pflege...in ein paar Wochen verläßt du das
Spital, und was eine Nachkur auf dem Lande betrifft...

RADEMACHER Von all diesen Dingen ist nicht mehr die Rede.

WEIHGAST Auch von dieser Hypochondrie hat mir Doktor
Halmschlöger Mitteilung gemacht — ja. (*Er verträgt den
auf ihn gerichteten Blick Rademachers nicht gut, schaut aber
nicht fort*) Also, du hast mich rufen lassen, wolltest mit mir
sprechen. Nun, ich bin bereit. Warum lächelst du?
Nein, es ist der Schimmer von dem Licht. Die Beleuchtung
ist hier nicht ganz auf der Höhe. — Nun, ich warte. Ich
werde Herrn Doktor Halmschlöger erklären, daß du von
den ersten fünf Minuten keinen Gebrauch gemacht hast.
Nun? — (*Rademacher hatte schon einige Male die Lippen
geöffnet, halb, als wollte er reden. Auch jetzt; aber er schweigt
wieder. — Pause*) Wie ist's dir denn immer ergangen?
(*leicht verlegen*) Hm, die Frage ist etwas ungeschickt in
diesem Moment. Ich bin ein wenig befangen, ich will es
dir gestehn; denn, äußerlich betrachtet, möchte man wohl
glauben, daß ich derjenige bin, dessen Los besser gefallen ist.
Und doch — wenn man die Sache so nimmt, wie sie ja
doch eigentlich genommen werden muß — wer hat mehr
Enttäuschungen erlebt? Immer der, der scheinbar mehr
erreicht hat. — Das klingt paradox, und doch ist es so. —
Ah, wenn ich dir erzählen wollte...nichts als Kämpfe —
nichts als Sorgen — Ich weiß nicht, ob du die Bewegung
der letzten Zeit so verfolgt hast. Nun stürzen sie über mich
her...Wer? Die Jungen. Wenn man bedenkt, daß man
vor zehn Jahren selbst noch ein Junger war. Jetzt versuchen
sie, mich zu entthronen...Wenn man diese neuen Revuen
liest...Ah, es ist, um Übelkeiten zu bekommen! Mit
Hohn, mit Herablassung behandeln sie mich. Es ist ja

jämmerlich! Da hat man nun redlich gearbeitet und gestrebt, hat sein Bestes gegeben — und nun...Ah, sei froh, daß du von all den Dingen nichts weißt. Wenn ich heute wählen könnte, — heute mein Leben von neuem beginnen...

RADEMACHER Nun?

WEIHGAST Ein Bauer auf dem Land möcht ich sein, ein Schafhirt, ein Nordpolfahrer — ah, was du willst! — Nur nichts von der Literatur. — Aber es ist noch nicht aller Tage Abend.*

RADEMACHER (*sonderbar lächelnd*) Willst du an den Nordpol?

WEIHGAST Ah nein. Aber in der nächsten Saison, zu Beginn, kommt ein neues Stück von mir. Da sollen sie sehen, da sollen sie sehen! Ah, ich lass' mich nicht unterkriegen! Wartet nur! wartet nur! — Nun, wenn alles gut geht, so sollst du dabei sein, mein alter Freund. Ich verspreche dir, dir Billette zu schicken. Obwohl euer Blatt im allgemeinen verflucht wenig Notiz von mir nimmt. Ja, meine letzten zwei Bücher wurden bei euch direkt totgeschwiegen. Aber du hast ja mit dem Ressort* nichts zu tun. Na! — Übrigens, was für gleichgültiges albernes Zeug...So erzähle mir doch endlich. Was hast du mir zu sagen? Wenn dir das laute Sprechen Mühe macht...ich kann ja auch ganz nahe rücken. — Hm...(*Pause*) Was meine Frau dazu sagen wird, wenn ich ihr erzähle, daß unser alter Rademacher im Allgemeinen Krankenhaus liegt...Dein Stolz, mein lieber Rademacher, dein verdammter Stolz...Na, wir wollen nicht davon reden...Übrigens ist meine Frau augenblicklich nicht in Wien — in Abbazia. Immer etwas leidend.

RADEMACHER Hoffentlich nicht ernst?

WEIHGAST (*drückt ihm die Hand*) Gott sei Dank, nein. Mein Lieber, dann stünd' es auch mit mir schlecht. Wahrhaftig, bei ihr find' ich mich selbst — den Glauben an mich selbst wieder, wenn ich nah daran bin, ihn zu verlieren — die Kraft zu schaffen, die Lust zu leben. Und je älter man wird, um so mehr fühlt man, daß dies doch der einzige wahre Zusammenhang ist, den es gibt. Denn die Kinder...o Gott!

RADEMACHER Was ist's mit ihnen? Was machen sie?

WEIHGAST Meine Tochter ist verheiratet. Ja, ich bin schon zweifacher Großvater. Man sieht's mir nicht an, ich weiß. Und mein Bub' — Bub'!! — dient heuer sein Freiwilligenjahr — macht Schulden — hat neulich ein Duell gehabt mit einem jungen Baron Wallerskirch — wegen eines Frauenzimmers...Ja, mein Lieber, immer dieselben Dummheiten. So wird man alt, und das Leben nimmt seinen Lauf.

RADEMACHER Ja, ja. (*Pause*)

WEIHGAST Nun, die Zeit verrinnt. Ich warte. Was hast du mir zu sagen? Ich bin bereit, alles, was du wünschest... Soll ich vielleicht bei der Konkordia★ Schritte tun? Oder kann ich vielleicht in der Redaktion des 'Neuen Tags' für den Fall deiner baldigen Wiederherstellung...Oder — du entschuldigst, daß ich auch von solchen Dingen spreche — kann ich dir irgendwie mit dem schnöden Mammon★...

RADEMACHER Laß, laß. Ich brauche nichts — nichts...Ich hab' dich nur noch einmal sehen wollen, mein alter Freund, — das ist alles. Ja. (*Reicht ihm die Hand*)

WEIHGAST So? Wahrhaftig es rührt mich. Ja. — Nun, wenn du wieder gesund bist, so hoff' ich, wir werden einander wieder öfter...na!

> *Peinliche Pause. — Man hört das Ticken der Uhr*
> *aus dem Nebensaal.*

HALMSCHLÖGER (*kommt*) Nun, da bin ich wieder. Ich bin hoffentlich nicht zu pünktlich?

WEIHGAST (*erhebt sich, sichtlich befreit*) Ja, wir sind bereits zu Ende.

HALMSCHLÖGER Nun das freut mich. Und ich hoffe, unser Patient ist beruhigt — nicht wahr?

RADEMACHER (*nickt*) Ich danke.

WEIHGAST Also auf Wiedersehen, lieber Freund. Wenn der Herr Doktor gestattet, so schau' ich in ein paar Tagen wieder einmal nach.

HALMSCHLÖGER Gewiß. Ich werde Auftrag geben, daß man Sie zu jeder Zeit...

WEIHGAST Oh, ich wünsche nicht, daß Sie meinetwegen eine Ausnahme machen.

HALMSCHLÖGER Paschanda!

Wärterin reicht Weihgast den Überzieher.

WEIHGAST Also nochmals Adieu und gute Besserung und nicht kleinmütig sein. (*Gegen den Ausgang mit Halmschlöger*)

FLORIAN (*kommt hinter dem Vorhang hervor*) Habe die Ehre, Herr Doktor, habe die Ehre!

HALMSCHLÖGER Na hören Sie, Sie schlafen noch immer nicht!

WEIHGAST Was ist das für ein Mensch? Er hat mich in einer so sonderbaren Weise fixiert*...

HALMSCHLÖGER Ein armer Teufel von Schauspieler.

WEIHGAST So, so.

HALMSCHLÖGER Hat keine Ahnung, daß er in spätestens acht Tagen unter der Erde liegen wird.

WEIHGAST So, so.

Blicke Weihgasts und Florians begegnen einander.

HALMSCHLÖGER Drum halt' ich auch jede Strenge für überflüssig. Regeln für Sterbende — das hat doch keinen rechten Sinn.

WEIHGAST Sehr richtig. — Es hat mich wirklich gefreut, bei dieser Gelegenheit Ihre nähere Bekanntschaft zu machen und Sie sozusagen einmal bei der Arbeit zu belauschen. Es war mir überhaupt in vieler Beziehung interessant.

HALMSCHLÖGER Nun, wenn ich fragen darf, war es wirklich etwas so Wichtiges, was Ihnen Ihr Freund mitzuteilen hatte?

WEIHGAST Keine Idee. Wir haben in längst vergangener Zeit
miteinander verkehrt, er wollte mich noch einmal sehen...
das war alles. Ich glaube übrigens, daß ihn mein Kommen
sehr beruhigt hat. (*Im Gehen*)

WÄRTERIN Küss' die Hand.

WEIHGAST Ach so. (*Gibt ihr ein Trinkgeld*)

Halmschlöger, Weihgast ab, hinter ihnen auch die Wärterin.

FLORIAN (*rasch zu Rademacher hin*) Na also, was war denn?
Der Mensch muß eine kolossale Selbstbeherrschung haben.
Ich versteh' mich doch auf Physiognomien — aber ich hab'
ihm nichts angemerkt. Wie hat er's denn aufgenommen?

RADEMACHER (*ohne auf ihn zu hören*) Wie armselig sind doch
die Leute, die auch morgen noch leben müssen.

FLORIAN Herr Rademacher — also was ist denn? Wie steht's
mit dem Schlüssel zum Schreibtisch?

RADEMACHER (*erwachend*) Schreibtisch —? — Machen S', was
Sie wollen. Verbrennen meinetwegen!

FLORIAN Und die Schätze? Die Meisterwerke?

RADEMACHER Meisterwerke! — Und wenn schon...Nach-
welt gibt's auch nur für die Lebendigen. (*Wie seherisch*)
Jetzt ist er unten. Jetzt geht er durch die Allee — durchs
Tor — jetzt ist er auf der Straße — die Laternen brennen —
die Wagen rollen — Leute kommen von oben...und
unten...(*er ist langsam aufgestanden*)

FLORIAN Herr Rademacher! (*Er betrachtet ihn genau*)

RADEMACHER Was hab' ich mit ihm zu schaffen? Was geht
mich sein Glück, was gehn mich seine Sorgen an? Was
haben wir zwei miteinander zu reden gehabt? He! was?...
(*Er faßt Florian bei der Hand*) Was hat unsereiner mit den
Leuten zu schaffen, die morgen noch auf der Welt sein
werden?

FLORIAN (*in Angst*) Was wollen Sie denn von mir? — Frau
Paschanda!

Wärterin kommt mit dem Licht.

RADEMACHER (*läßt die Hand Florians los*) Löschen Sie's aus, Frau Paschanda — ich brauch' keins mehr... (*Er sinkt auf den Sessel*)

FLORIAN (*am Vorhang; hält sich mit beiden Händen daran; zur Wärterin*) Aber jetzt — nicht wahr?

Vorhang

NOTES

Words and phrases whose appropriate meanings can be found in a good dictionary are not given here; Southern German terms are marked ⑤, specifically Viennese terms ⑬, standard German terms ⑤. I have included a number of phrases which, though their meaning is obvious, have a special stylistic interest in their context.

LIEBELEI

ACT I

47 *gnädiger Herr*, ⑬, Sir. Used by the servant-classes on the analogy of 'gnädige Frau'.
Sennerinnen, dairy-maids.
Sennhütten, alpine dairy-huts.
Kukurutz, ⑤, maize.

48 *Rigorosum*, final oral examination for a degree, e.g. for the Doctor of Law.
wär' es nur, um, the only purpose would be.
jetzt knickst du...zusammen, now you are collapsing.
gefährlicher Dunstkreis, within the aura of danger; spoof quotation from Goethe's *Faust I*.
fidel, ⑤, jolly; somewhat old-fashioned.
bei Verstand, of sound reason.
jenes Weib, 'femme fatale' — in contrast to *herzige Mäderln*.

49 *du gehst...*, you will elope.
Man macht eben keine Dummheiten, so you mustn't do anything silly (*man* construction used with a periphrastic imperative).
man paßt uns auf, ⑬, they are watching us. N.B. the typical ⑬ dative usage: *jemandem* aufpassen, as opposed to ordinary ⑤ 'auf jemanden aufpassen'.
förmliche Halluzinationen, she practically has hallucinations. See also p. 47 *du erschrickst ja förmlich*.

50 *soupieren*, ⑬, from the French, to have late supper.
dich in ein andres Abenteuer hineinzuretten, to save yourself by starting another adventure.

51 *wenn du Lust hast, mir mit dem berühmten Gewissen zu kommen*, if you think you can get at me with all your talk about conscience.

52 *Ich habe mir die Freiheit genommen*, I have taken the liberty; old-fashioned.

Grüß' Sie Gott, ⑀, hardly more than 'good day to you'.

wo ist denn die Christin'?, use of definitive article to express familiarity.

Dori = Theodor.

hat uns einmal eingeladen, now that he has invited us.

famose[1] Idee, ⅏, a splendid idea.

die Kredenz, ⑀, the sideboard.

Ich hab' noch extra was gekauft, N.B. the ⅏ word-order, which corresponds to normal ⑁ *Ich hab' noch etwas extra gekauft*.

Naschkatz'!, you have a sweet tooth.

begleitet ihren Vater zum Theater hin (also p. 79), note the ⅏ tendency to tautological usage: the phrase means no more than 'she accompanies her father to the theatre'.

Wer ist ihnen denn eigentlich gestorben?, now who was it actually that died?

53 *die Schwester vom*, also *der Vater von der*, colloquial substitution for the genitive, very common ⑀ usage.

eine alte Fräul'n, note the logical, non-grammatical, use of the gender.

da fühlt er sich halt, ⑀, well, and so he feels.

in der Josefstadt, Josefstädter Theater, founded 1788, one of the private theatres at which comedies and light opera were performed; today it is directed by Arthur Schnitzler's son Heinrich.

warum seid ihr...so gespreizt miteinander, ⑀, why are you so formal with each other?

Immerhin beruhigend, now that's reassuring.

54 *bei den gelben oder schwarzen [Dragonern]?*, refers to different-coloured pipings on the uniforms of different regiments in the Imperial Austro-Hungarian Army.

Leutnant der Reserve, after passing the secondary school-leaving examination (Matura = north-German Abitur), a young man

---

[1] In Viennese, words like *fidel, famos*, lose their strong original meanings and become part of the drawing-room conversational language.

entered the Army as *Einjährig-Freiwilliger*, i.e. officer cadet. At the end of his service he was commissioned as *Unterleutnant der Reserve* and received further promotion on attending the annual exercises (*Waffenübungen*) in the Army. The system is somewhat comparable to that of the Territorial Army. Both in Wilhelm II's Germany and in the Austro-Hungarian monarchy the title of *Leutnant der Reserve* carried a great deal of social kudos, and its holder was entitled to wear the uniform even when not on active duty.

Umfassend ist dieses Wissen!, what comprehensive knowledge! (ironical).

warum sind denn Sie uns gestern durchgegangen?, why did you rush off like that yesterday?

Was hab' denn ich…von Ihrer Entschuldigung?, what use are your excuses to me?

so halt man's, 𝔅 = 'so hält man's'. In this and many other examples (e.g. 𝔊 *Wägelchen* = 𝔅 *Wagerl*; *Plätzchen* = *Platzerl*) the 𝔅-forms go back to an original '*a*'-sound, which in some regions became 'gehemmter Umlaut' and later standard German, and in others, e.g. 𝔅, remained standard *a*.

55 *Schematismus*, 𝔅, the Austrian equivalent of 'The Queen's Regulations'.

56 *Strumpfwirker*, stocking weaver.

ärgert sich alleweil, wenn wer jünger ist wie sie, she's always annoyed when someone's younger than she. N.B. *wer*, in 𝔊 only interrogative, in 𝔅 = 'einer'. *wie* and *als* are interchangeable in 𝔅. See also p. 62.

Kinder, dunkel wird's!, note the 𝔅 word-order.

Lichter, here in the sense of candles.

Das macht sich viel hübscher = 𝔊 *das sieht viel hübscher aus*, that looks much nicer. In many cases 𝔅 uses reflexives, perhaps due to Slavonic influence, where 𝔊 uses non-reflexive verbs.

ein Trumeau, 𝔅, from the French; in 𝔅, mantle-piece, cf. *Kredenz*, p. 52.

57 *Ich hab' nicht los können*, I couldn't get away.

Wann hab' ich's [das Medallion] umgehabt?, when did I wear it [round my neck]?

58 *Bitte sich das gefälligst anzusehen*, please to have a good look at

this. Slightly formal phrases like this mark the social difference between the men and the girls.

59   *Orpheum*, a place where variety-shows were performed.

60   *Wir hassen nämlich die Frauen...*, sententious statements of this kind, to which Theodor refers later as *Philosophieren*, are also to be found in Schnitzler's contemporary, Oscar Wilde.

      das kleine Eßzeug, small cutlery.

61   *das haben wir...ausdrücklich miteinander ausgemacht*, we've expressly agreed....

      punktum, full stop; 'Basta!'

      Ich frag' dich auch um nichts, 𝔅, I don't ask you any questions either. Incorrect in 𝔊, where *fragen* takes *nach*.

      ausgelassen, exuberant, only used as past participle.

      Stoppelzieher, 𝔅, corkscrew. Schnitzler uses the word also in his stage instruction.

      fesch, 𝔅, smart.

62   *ein bissel*, 𝔊 = *ein Bißchen*.

      stiller...wie es früher war, see note to p. 56.

      Na, sei so gut!, expressing indignation, something like 'Well, you don't say!'

63   *Grandezza*, Ital., noble bearing.

      Vöslauer Ausstich, specially selected wine from a nearby town.

65   *Komm nur daher*, 𝔅 = *Komm nur her*. See note above to p. 52.

      Doppeladler, a popular song; its title refers to the Imperial double-headed eagle.

68   *Meine Frau hat nämlich*, 𝔅, use of *nämlich* is quotational, i.e. my reason for calling is that....

      ich stehe zu Ihrer Verfügung, I am at your disposal (for a duel).

70   *Es wird dafür gesorgt sein*, the impersonal form presumably refers to some notion of fate.

      es wär' aufs Gleiche herausgekommen, it would have come to the same thing.

71   *das wird sich schon finden*, that will be all right.

72   *sei doch nicht so fad*, 𝔅, don't be so boring (the opposite of *fesch*).

      Sie machen sich eh' nur wichtig!, they're just giving themselves airs, that's all *they* are doing. (*eh'* is characteristically 𝔅; cf. also note on p. 178.)

73   *jetzt stehn die Dinge nun...*, that's how things are now.

74 *Gebt's mir*, 𝔅, the plural of the imperative is often construed
with a redundant *es*.
Ich bin nämlich..., here again (cf. p. 68) *nämlich* is used as though
it had been in answer to an implied question: The point is that
I am....
bei der Linie, probably one of the horse-drawn tram lines.

75 *dafür helf' ich dir*, in exchange for this I will help you.

ACT II

77 *fix angestellt*, permanently employed.

78 *wie eingezogen als Sie leben*, the retired way you live! 'als', 𝔅, is
redundant.

79 *daß [sie] eine Ansprach' hat*, that she has someone to talk to.

80 *Werden ihr wenigstens die Enttäuschungen erspart bleiben*, at least
she will be spared the disappointments.

81 *so empfielt er sich dann*, then he says goodbye.
mit dem Umgang, especially as far as company is concerned, or:
Considering the sort of people she goes around with.
Ob's nur dafür steht, [the question is] whether it's worth while.
The phrase *es steht dafür* is a literal translation from the Czech.
geht denn das auf Sie, it's not you who is meant by this.
dann ist's vielleicht besser?, is that supposed to be better?

83 *aufgeputzt*, trimmed.

85 *da kann man gar nichts sagen*, it's beyond all criticism.
Und schön eingerichtet ist der Fritz, and Fritz's flat is nicely
furnished.
aufsitzen lassen, to stand [someone] up.
stell' dich doch nicht schlechter als du bist, don't make yourself out
to be worse than you are.

86 *beutelt's einen schon zusammen*, it really does shake you (*schon*
as though in reply to an objection).
so setzt du dir...Sachen in den Kopf, you then think of all sorts
of things.
hat er dir denn..., presumably...'die Heirat versprochen'.
am Gesicht ankennt, 𝔅 for 'erkennt'.

88 *Das gewöhnt man*, 𝔅 for 'daran gewöhnt man sich'.

92 *Unverschämt, was?*, aren't I shameless...?

93 *Ich hol' dich nur da herunter*, I've merely come to fetch you.

ACT III

95   *Servus*, 𝔙, greeting used originally in Hungarian, meaning 'hello'; in 1900 common among officers, now quite general.
    Fratz, brat.

97   *das kommt...schon auf eins heraus*, well, it comes to one and the same thing.
    Tu mir was zulieb', please do me a favour.
    schaust halt vorüber, well, you sort of look in.
    es ist ja doch nichts dabei, there is nothing to it.

100   *was ihm so in den Schoß fällt*, what it is that falls into his lap.
    vergiß darauf, 𝔙 for *vergiß es*.

101   *für nichts und wieder nichts*, for no reason at all.

102   *das werden Sie ja doch wohl wissen?*, surely, you will know that!

103   *von allem, was so mit dazu gehört hat zu seinem Leben*, and of all the other things that belonged to his life.

104   *sehn werd' ich ihn doch noch einmal dürfen?*, surely, I'll be allowed to see him once more?

105   *Auch hat das [Begräbnis]...in aller Stille stattgefunden*, conventional phrase for 'private funeral'.

LEUTNANT GUSTL

109   *vor dem brauch' ich mich nicht zu genieren...*, I needn't be ashamed in front of him, I don't mind what he thinks.

110   *Ob ich sie erkennen möcht'?*, see also below, *kränken möcht*. One of the characteristics of 𝔙 is the substitution of indefinite and emotively charged forms for 𝔊 definite ones—e.g. 'möcht' for 'würde' (see Introduction, p. 35).
    Virginia, a popular kind of cigar, known as 'rat's tail'.
    daß ich...nicht herg'hör', that I don't belong here.
    sonst stell' ich Sie mir, or I will challenge you (military jargon).
    vorlamentieren lassen, listen to all this caterwauling.
    diese ewige Abschreiberei (from *jemandem abschreiben* = to write that one cannot come), these eternal excuses.

111   *Gartenbaugesellschaft*, expensive restaurant on the Ringstrasse, P.[1]

[1] Notes marked P are taken from H. Politzer's glossary listed in the bibliography, see above, p. 44.

Waffenübung, annual military exercises esp. for the Reserve.

da pfeif' ich auf'n ganzen Antisemitismus (see also p. 120, *wie ich auf Euch pfeif...*). One of a number of characteristic illiterate uses, intending the opposite, i.e. 'I wouldn't give twopence for the antisemitic [campaign], it just isn't effective enough, isn't worth twopence'.

das laß' ich mir g'fall'n, I really am enjoying this.

gegiftet, B, galled.

auf einem Sitz, at one sitting.

112   *regelmäßige Sustentation*, B, regular allowance.

heuer, S, this year.

'*Madame Sans-Gêne*', a popular comedy by V. Sardou and E. Moreau, 1898.

Ring = Ringstraße, the main street encircling the inner city of old Vienna, built in 1858–60.

113   *auf ein Haar abgestochen*, very nearly killed me ('abgestochen' is normally used of slaughtering pigs).

Landwehr, Territorial Reserve, whom Gustl and his fellow professional officers despise. P.

so viel können hat (cf. above, 'zu reden brauchen') = soviel gekonnt hat; in B, infinitives, being the less inflected form, often replace participles (see Introduction, p. 35).

Rechtsverdreher, humorous corruption of 'Rechtsvertreter' = advocate.

ein Exempel statuieren, to make an example of him.

daß ich ihn nimmer auslassen hab', i.e. 'aus den Augen gelassen' = that I did not let him out of my sight after... or that I did not let him get away with it.

hat sich noch jeder blamiert, everyone [so far] has made a fool of himself ('noch' here merely for colloquial emphasis).

114   *mir...zugeben*, B use of ethic dative = you'll have to admit to me.

dreinmengen = einmengen.

Rock = Waffenrock, tunic.

die Front abgeritten, H.R.H. rode down the front (note the third person plural, used obsequiously, to avoid direct mode of address, still common in B).

Tintenfisch, writer, intellectual; presumably on the analogy of 'Bücherwurm', P.

bis zur Kampfunfähigkeit, to the point where one or the other is no longer in a condition to fight.

115 *was dem Fließ sein Verhältnis...kostet* = 'was Fließ's Verhältnis ihn kostet', to think what Fliess has to spend on his affair with ... (ℬ attributive *was dem...sein* = standard 𝔊 genitive; *Verhältnis* = affair).

Ende mit Schrecken, cf. Psalm lxxiii. 19.

vorbeipassieren = pleonasm for 'vorbeilassen' or for ℬ 'passieren lassen'.

Habe die Ehre, polite or obsequious civilian address, something like 'Your obedient servant'.

116 *Fünfundneunzig*, i.e. regiment number 95.

hiern, hier drinnen.

Daß mir...nicht auskommt = 𝔖 'auswischt', I hope she won't slip away.

Hat ihm schon!, illiterate cliché = 'Hat ihn schon' = got her (in common ℬ there is a great deal of confusion between dat. and acc., usually in favour of the former).

Da hört sich doch alles auf, that *is* the limit.

Wie meinen? = *Wie meinen Sie?* (cf. above, avoidance of direct address).

117 *stad* = ℬ 'still', quiet.

da heißt's rabiat sein, I'll have to get mad with him.

118 *auslassen*, here = *aus der Hand gelassen*.

stante pede, instantly.

Sechserl, a farthing.

119 *Tapper*, rubber, game of cards, perh. from Italian 'trappola'.

Schimpf und Schand', common 𝔊 alliteration.

Freiwillige, i.e. *Einjährig Freiwillige*, officer cadets, usually from the professional classes, doing their military service before going to the university (see above, note on pp. 171–2).

120 *dem ersten Besten*, to the first man I see.

satisfaktionsunfähig, [dishonoured because I am] disqualified from giving satisfaction [in the duel].

Ehrenrat, [military] Council of Honour.

121   *das Mensch*, pl. *Menscher* (cf. p. 128, also dat. *mit Menschern*, p. 134). Slang for wench, possibly tart.

     Beisl, 𝔅, tavern, low joint.

     geht's über uns her, als wenn..., they let fly at us as if....

122   *ihr Mandat zurückgeben*, they refuse to act as my seconds.

     Kassierin = Kassiererin, woman at the pay desk.

     Fleischselcher, a butcher who sells cooked meats.

123   *Punktum und Streusand drauf*, finished and done with.

     Jagendorfer, acrobat and wrestler popular at the time, P.

     Aspernbrücke, bridge across the Donau-Kanal leading to the Prater, commemorating the Austrian victory at the battle of Aspern, 21 May 1809.

     Kagran, little industrial town east of Vienna.

     Ronacher, variety theatre and circus in the inner city, P.

     Stellvertreter, acting officers.

     Ein Gemeiner von der Verpfleg[ung]sbranche, a private in the Commissariat, supply corps.

124   *ich steig' der Person nach*, [that] I'm following that woman.

     Obzwar in der Not frißt der Teufel Fliegen, all the same, beggars can't be choosers; note lack of inversion.

     ist das schon je erhört worden, has such a thing ever been heard of (semi-literate back formation from *unerhört*).

125   *Mordsrausch*, I'm dead drunk (*Mords-* is used in 𝔊 as an augmentative, e.g. *Mordsangst, Mordsglück*).

126   *niemandem einen Pflanz vorzumachen*, don't have to pretend to anybody; 𝔅 slang (cf. *jemanden pflanzen*, to play a joke on).

128   *die Leich'*, 𝔅 (= *das Leichenfest*, sometimes also *eine schöne Leich*) = funeral.

     Armes Hascherl, 𝔅 term of endearment, poor kid.

129   *Ökonomie*, sc. *Landökonomie* = agriculture.

130   *könnt' ich allen gestohlen werden*, slang — they don't care a hang about me.

     Bursch, batman (cf. 'boy' in colonial slang).

     die Rackerei in der Kasern', slang — the grind in the barracks; note the pejorative suffix, as in *Absagerei*, etc.

     mit Karenz der Gebühren, officialese—with postponed payment of salary.

131 *Gummiradler*, coach with rubber tyres; cf. also *Komfortabel-kutsche*, p. 136.

ein hübsches Zeug'l, a nice little turnout (trap and horses).

auf du und du, the usual mode of address between officers in the Austro-Hungarian Army.

132 *ist eh' nicht schad' um mich*, I'm no great loss (𝕭 'eh' = 𝕲 'sowieso').

Die wird mir abgeh'n, That's something I'll miss.

Fischamend, a village in the Prater, a few miles down the Danube.

133 *Krampen*, old hack.

Veigerln, 𝕭 = Veilchen.

Schubiak, poor beggar; prob. from *Schuft* + Slavonic suffix.

wenn ich abkratz', slang — when I pop off.

134 *eine solche Raunzen*, 𝕭 slang — such a plaintive person.

dann wär' Rest, and that would be all.

135 *gespieben*, = *gespieen*.

Tegetthoffsäule, monument to the Austrian admiral by K. Kundmann (1839-1919) in the Prater.

eine Melange und zwei Kipfel, a white coffee and two croissants.

dem wird der Knopf aufgeh'n, slang — he'll see it in a flash.

Fallot, 𝕭, scoundrel, from Latin *fallere*, to cheat

sich...schlagen, to duel.

so glatt soll's ihm doch nicht ausgeh'n, he won't get off so lightly after all.

136 *rechts g'schaut!*, eyes right!

ein Kerl ohne Schneid, a fellow without style, without pluck.

137 *Kontenance*, countenance.

Nachtkastelladel, drawer in bedside table.

Jänner, 𝕲 = Januar.

Was mir das schon aufliegt!, 𝕭, as if I cared!

138 *Makulatur*, waste paper.

Feber, 𝕲 = Februar.

Hochwürden, address of Catholic priest.

auf die Letzt', 𝕭 in the end.

139 *könnt' ich noch immer den ganzen Krempel hinschmeißen*, I could still chuck the whole thing up (meaning presumably his obligation to the code).

lacht sich den Buckel voll, he'll laugh himself sick.

Chargen, non-commissioned officers.

Brittanikas, brand of cigars, P.

bei den Gewehrgriffen, at rifle-drill.

140 *Burghof,* courtyard of the Imperial residence in the centre of the city, where the guard regiments parade, P.

die Bosniaken, Bosnian conscripts.

78er Jahr, Austria's armed occupation of Bosnia and Herze-govina (in accordance with the agreement of the 1878 Congress of Berlin), which led directly to the outbreak of the War in 1914.

Da schlagen die Bäume aus, the trees are coming into leaf.

Volksgarten, public park between Hofburg and Ring.

es hat's mir ja keiner g'schafft, ß, nobody has ordered me to....

141 *verabsäumen,* ℭ = *versäumen.*

sei gut, [here] don't be funny; commonly *das ist gut,* that's a good (or odd) story.

Kaution, ß, dowry.

142 *am End' war die gar noch eine Unschuld!,* I shouldn't wonder if she's still a virgin.

Tarok, taroc — game of cards.

er schlieft schnell in den Frack hinein, he's hurrying to slip into his tail-coat.

143 *doch kein leerer Wahn...,* spoof quotation from Schiller's *Die Bürgschaft:* 'Die Treue, sie ist doch kein leerer Wahn....'

144 *ein Bussel,* ℭ, a kiss.

Feuerbursche, boy who makes up the fires.

wie ich mir...die Semmel einbrock', how I keep dipping my roll....

145 *Trabucco,* brand of cigars.

und wenn's Graz gilt!, if it's the last thing she does.

Dich hau ich zu Krenfleisch, I'm going to make mincemeat of you.

DIE LETZTEN MASKEN

149 *ich denke...einen langen Schlaf zu tun, [denn dieser letzten Tage Qual war groß],* ironical quotation of the Duke's last words, from act v, scene 5 of Schiller's *Wallensteins Tod.*

150   *erste Liebhaberin*, leading lady.
     jugendlicher Held der ergebenst Unterzeichnete, romantic lead—
     yours truly.

152   *für unsereinen rentiert sich das*, it's worthwhile for the likes
     of us.
     kreuzfidel, 𝕭 (cf. *fidel* above), fit as a fiddle.
     So lebe wohl, du stilles Haus, quotation (*So leb' denn wohl, du
     stilles Haus*) from Ferdinand Raimund's *Der Alpenkönig und
     der Menschenfeind*, 1828.

153   *die halbe Gasch'*, from French *gage*, half my salary.

155   *die gewissen Herren im weißen Kittel*, certain gentlemen in white
     coats, i.e. morticians.

156   *nach der Schablone*, in a mechanical fashion, routine-like.

160   *wie man die Sachen bringt*, the way you present it (in the theatre).
     Du schimpfst mir lang gut, you can go on abusing me as long as
     you like.
     Du spannst mich auf die Folter, alter Kumpan, I'm racked with
     curiosity, my friend.

161   *die Faust im Sack ballen*, with clenched fist in his pocket.
     mein Testamentverweser, executor of my last will.

162   *An Gall', daß ich vor Leuten hab' Buckerln machen müssen*, in sheer
     bitterness that I had to toady to people.
     Zeilen schinden, to do journalistic hack-work.

165   *es ist noch nicht aller Tage Abend*, it isn't too late yet.
     Ressort, subject; here, section of the paper.

166   *Konkordia*, Viennese journalists' benevolent association.
     mit dem schnöden Mammon, . . . filthy lucre.

167   *Er hat mich . . . fixiert*, he stared at me.